트랙과 들판의 별

황병승 시집

문학과지성사

문학과지성사에서 펴낸 황병승의 시집

여장남자 시코쿠(2012, 문학과지성 시인선 R)
육체쇼와 전집(2013)

문학과지성 시인선 337
트랙과 들판의 별

초판 1쇄 발행 2007년 9월 7일
초판 12쇄 발행 2019년 7월 31일

지 은 이 황병승
펴 낸 이 이광호
펴 낸 곳 ㈜**문학과지성사**
등록번호 제1993-000098호
주   소 04034 서울 마포구 잔다리로7길 18(서교동 377-20)
전   화 02)338-7224
팩   스 02)323-4180(편집)   02)338-7221(영업)
전자우편 moonji@moonji.com
홈페이지 www.moonji.com

ⓒ 황병승, 2007. Printed in Seoul, Korea

ISBN 978-89-320-1808-9 03810

이 책의 판권은 지은이와 ㈜**문학과지성사**에 있습니다.
양측의 서면 동의 없는 무단 전재 및 복제를 금합니다.

문학과지성 시인선 337
트랙과 들판의 별

황병승

2007

시인의 말

sick fuck sick fuck—
회전목마가 돌아간다
이것은 기계의 기본
기둥엔 차가운 피

2007년 9월
황병승

트랙과 들판의 별

차례

시인의 말

제1부

첨에 관한 아홉소ihopeso 씨(氏)의 에세이 9
내 이름은 빨강 마리오는 여름 14
그녀의 얼굴은 싸움터이다 16
눈보라 속을 날아서(상) 18
눈보라 속을 날아서(하) 25
멜랑콜리호두파이 38
같이 과자 먹었지 40
그리고 계속되는 밤 44
마음으로만 굿바이 46
물고기의 노래 48
동물은 열두 가지 50
헬싱키 51
어린이날기념좌절어린이독주회 66
엽차의 시간 68
멀고 춥고 무섭다 74
아빠 77
썸 비치some bitch들의 노래 80
칙쇼(畜生)의 봄 84
트랙과 들판의 별 89

제2부

춤추는 언니들, 추는 수밖에 101
회전목마가 돌아간다 Sick Fuck Sick Fuck 103
사산(死産)된 두 마음 108
모모 110
게이 찰스 존재 115
웨이트리스 118
곰뱀매거진18호 121
9 갈고리 잭 128
조금만 더 130
코코로지CocoRosie의 유령 136
이 저녁의 모든 것은 어긋났고
우리들은 그 모든 것의 멤버 137
저녁의 양(羊)과 올 더 세임all the same 140
미러볼 145
뽀뻬 149
섬망(譫妄)의 서머summer 150
배우는 울고 마차는 굴러 간다 154
고양이와 자라는 소년 166
문친킨 168
부카케bukake, 춤의 밤 171
스위트피 180
잔디는 더 파래지려고 한다 183

해설 | 숭고한 뒤죽박죽 캠프 · 이광호 190

제1부

첨에 관한 아홉소ihopeso 씨(氏)의 에세이

첨, 우리가 아무것도 모르는 눈빛의 새끼 해마들처럼 인생을 살아갈 수는 없겠지

위험하지 않고 어떤 장애물도 함정도 없다는 그런 믿음, 그 어떤 책도 그 어떤 필름도 첨, 너의 마음을 오래 붙잡아두지는 못하더구나 만일 네가 그런 훌륭한 책과 필름을 가지고 있다면, 그것은 어떤 식으로든 네가 위험에 처해 있다는 증거

건너편 옥상에는 언제부턴가, 미래를 예언한다는 점술집이 들어섰고 왠지 모르게 나는 밤마다 숨이 찼다 그러던 어느 날, 점술집의 저 늙은 여편네도 하루 종일 미래를 들여다보느라 나만큼이나 숨이 찰 거라는 생각이 들었고 내가 없으면 첨, 너도 없다, 그런 생각이 따라왔어

첨, 내 동생
나는 그러기를 바란다, 는 너의 사촌 형, 아홉소

첨 때문에 나는 생각이라는 것을 처음 하기 시작했다

이를테면, 포엣poet, 온리only 누벨바그nouvelle vague,
그것은 어딘가로부터 몰려와 낡은 것을 휩쓸고 어딘가로 다시 몰려가는 이미지를 연상시키지만, 그것은 정지이고 정지의 침묵 속에서 비극을 바라보는 것에 가깝다 그리고 서서히 바뀌는 것이다

고다르, 그즈음의 독서,
욕조에 누워 책을 읽고 있으면 온 가족이 들락거렸다 엄마 아빠 형 누나 동생 이모부 고모부 땟국 물이 흐르는 내 목욕탕 내 공중목욕탕 거리의 경찰관 외판사원 관료들 시인 화가 미치기 일보 직전의 연인들 어린이 가정주부 영화광 살인자 공원의 노인, 할 것 없이 모두 다 들락거렸고 뒤죽박죽 얽히고설키는 비극 속에서 물이 끊기고 하수구가 막혔다 내 목욕탕 내 공중목욕탕의 사라진 목욕 문화 더러워 더러워서 더러운 채로 지냈다

그리고 근질거리는 여름이 왔다

창작, 긁어대기 시작한다
창작, 긁어대기 시작한다

희미한 불빛 아래, 욕조에 널브러진 남자 책장을 넘기려다 그만 멈춰버린 손가락 풀어헤쳐진 머리칼, 그날 밤 창백한 얼굴의 남자가 커다란 욕조를 차지하고 드러눕자 웅성거리는 나체의 사람들, 악취 속에서 누군가는 떠밀고 누군가는 고함치고 누군가는 부둥켜안은 채로 카메라가 돌았다, 첫 씬scene인지 마지막 씬인지 운문인지 산문인지, 네 멋대로 해라, 고다르가 오케이 컷, 이라고 읊조렸고 순간의 침묵 속에서…… 그리고 조명이 꺼졌다

필름, 온리 누벨바그

조명은 꺼졌고,
침묵하겠다면 침묵하는 것이다

서서히 아주 서서히 몸속의 세균이 고름으로 흘러내리는 시간들처럼 서서히 그리고 나는 완전히 그 어떤 것을 이해했다

첨, 그러자 그것에 대해 나는 더 이상의 의혹을 품지 않게 되었고 그것을 생각해도 더 이상 그게 서지 않았다, 그것은 겨우 그런 것이다

서지 않는다면 서지 않는 것
첨, 비극을 그렇게 이해하자

나는 그러길 바래

쥬뗌므, 라는 발음을 알지? 그 말의 의미가 아니라 그 말의 발음이 끌고 다니는, 쥬와 뗌과 므가 인사시켜준 빛 혹은 선(線)들

그 슬픔으로 가득한……

첨, 나는 너의 사람이 되고 싶어 진심으로, 그럴

수 없겠지만 **우리들 숨 찬 미래** 네가 네 자신을 어리석고 별 볼일 없고 천박하다고 믿었기 때문에 우리 집 창문을 부수고 달아났지 너를 쫓아가 네 주먹의 피를 씻겨주었을 때, 나는 네가 '형' 혹은 '아저씨'라고 불러주기보단 머뭇거리는 두 팔을 뻗어 포옹을 청해주었으면, 하고 간절히 바랐다 진심으로 **우리들 숨 찬 미래** 그럴 수 없어서 너는 그냥 '병신, 난쟁이 주제에' 하고는 부리나케 달아났지

  첨, 내 사람의 이름
  나는 그러길 바래

  늙은 수사자가 젊은 암사자를 바라보듯이
  처음부터 죽을 때까지

  빛 혹은 선들 속에서

  온리 누벨바그
  온리 누벨바그

내 이름은 빨강* 마리오는 여름

양미간을 찌푸린 중년의 여자—고통을 의지로 이겨내려 한다
슬픔 가득한 눈빛의 소녀—고통이 물러가기를 기다리고 있다

이리얀은 사랑하는 마리오의 계속되는 발길질에
얼굴을 일그러뜨렸고

마리오는 굉장히 화를 냈다

트랭퀼라이저tranquilizer는 상상력이 멈춘 지점에서 길을 물처럼 흐르게 한다

아버지를 만든 건 상상력이다

물속으로부터 저 깊고 어두운 물속으로부터

아직도 나는 앰프와 스너프 필름을 원한다

소녀와 여자—고통에 사로잡혀
거리의 부랑자들—고통으로 뒹굴며

마리오는 사나워진 손길로 이리얀의 목을 눌렀다

변사체—언제나 얌전한 소녀들처럼

이리얀은 음악에 푹 빠져 있었다.

* 오르한 파묵의 소설.

그녀의 얼굴은 싸움터이다

가령 초침이 예순번째의 걸음을 내딛으며 분침의 등을 밀고
분침이 시침을 덮치는 순간처럼

그녀의 얼굴은 싸움터이다

축제의 행렬이 지나가는 공동묘지,
울퉁불퉁을 열 잔 마시고 티격태격을 스무 잔 삼킨 아이들
쓰러뜨림이 목적인 것처럼

그녀의 얼굴은 싸움터이다

그녀는 금방 사랑받고 금방 잊혀진다

어둠 속, 한 여자가 울고 두번째 여자가 울고 세번째 여자가 뛰쳐나간다

기침 끝없는 기침처럼 거울을 사이에 두고 두 여자가 서로의 얼굴을 향해 침을 뱉었다

눈보라* 속을 날아서(상)

  1

 날 수도 없을 만큼 뚱보가 되어버린 새가 있을까……있다면,
 그 새의 이름은 아름다운 로제.

 나는 비밀 같은 건 없다고 생각한다 적어도 이 세상엔 말이다
 그런데도 어른들은 저희들끼리 귓속말을 나누고 입을 다문다

 난쟁이는 작은 녀석을 뜻하지만 그것은 몇 개의 숨은 의미를 가지고 있고
 다락방, 낚시, 목이 긴 장화, 배지badge, 맞잡은 손, 외투, 구름, 가루 란 말들 역시
 몇 개의 비밀을 가지고 있다
 이것은 세상 사람 누구나 다 아는 이야기

 다락 속의 가루 가루 속의 난쟁이 난쟁이의 외투

외투 속의 구름 구름 속의 배지 배지와 낚시 낚시와 목이 긴 장화
 사람들은 모두 저마다의 비밀을 한두 개쯤 간직하고 있지만
 그것이 음악이 되기 전엔 차가운 동전이거나 혹은 주머니 속의 밀떡

 아름다운 로제 언니는 이 세상이 하나의 커다란 개미굴 같은 형태를 하고 있고
 온갖 소리들로 들끓고 있다고 말했다 수천 년 전의 나뭇잎을 흔들던 바람 소리부터 지금 이곳 샌디에이고 퍼시픽 비치의 갱들이 지하실에서 속삭이는 소리까지

 그러나 음악이 되기 전엔 그저 만지고 싶지 않은 동전이거나 혹은 주머니 속의 끈적거리는 밀떡

 냐라키, 오스본, 메기와 부기주니어 우리는, 우리들이 찾는 것은, 우리들이 도망치듯 찾아 헤매는 것은
 굴 속의 사람들

굴 속의 노래
음악이 되기 위해 발버둥 치는
아름다운 센텐스sentence

추억의 푸른 종이 달린 지붕 아래서
눈썹 없는 여자는 울어버렸네
우리의 잘못도 아니고
우리가 저지른 단 한 번의 실수 때문도 아니고

"이 살인마 왜 그랬어 바보 새끼 뛰어내려!"

창문이 부서졌거나 깨졌거나
이마가 뜨겁거나 식었거나
추억의 푸른색 커튼이 흔들리는 창가에서
눈썹 없는 여자는 그만 울어버렸네

"욕조가 밉다, 이런 욕조가 싫다, 이런 식의 욕조가 나를 못 견디게 하지!"

슬픔 속에 있으면서 동정받지 못하는 여자

다락 속의 가루 가루 속의 난쟁이 난쟁이의 외투 외투 속의 구름 구름 속의 배지 배지와 낚시 낚시와 목이 긴 장화

2

냐라키는 처음 만난 아랍 남자들과 소파 위에서 뒹굴고 있었다 파티 내내 오스본이 곁에서 지켜보는 줄도 모르고

그녀는 아랍 난쟁이의 난쟁이를 물고 빨고 다른 두 아랍 난쟁이는 그녀의 털 달린 외투와 구름 속에 힘차게 자신들의 난쟁이를 박아대며, "이게 좋니, 이게 좋아, 죽일 년, 암캐, 부모도 고향도 없는 멍청한 년아, 그렇지, 이게 좋지, 말해봐, 아하? 아하? 지옥이 보여? 지옥이 보이니?" 줄 줄 줄 험한 말들을 쏟아냈다

냐라키는 입 안 가득 난쟁이를 문 채 우물거리며,
"죄송해요, 죄송해요, 어떻게 해드려야 좋아요, 저는 암캐이고, 부모도 고향도 없는데, 제 어린 딸을 데려올까요, 교육을 시킬까요, 당신을 볼게요, 당신이 좋다면 당신의 얼굴을 바라볼게요"
울고 있었다

굴 속의 사람들

부끄럽지도 않니, 뒤죽박죽이 끝난 뒤 오스본이 힐책하듯 묻자, 냐라키는 고개를 떨군 채 오스본이 알아들을 수 없는 소리로 웅얼거리듯 말했다

"……고멘나사이ごめんなさい(미안해) ……시카시しかし(하지만), 시카시……"

굴 속의 노래

슬픔은 언제나 재빠르게 냐라키를 사로잡고

감출 수가 없는 것이어서 냐라키를 지저분하고 추한 사람으로 보이게 했다

 로제 언니, 저는 이런 일들을 적어야겠다고 생각했고, 적었습니다
 '의지'라는 말이 두렵고 '지금' '이 순간'이라는 말은 더없이 두려운 것이지만
 보여주기 위해, 나의 의지를, 나에게도 의지가 있고, 동생 나오코에게 그것을 보여주기 위해, 언니, 의지란 게 무엇일까요
──냐라키

 오스본, 메기와 부기주니어 우리는, 우리들이 찾는 것은, 우리들이 도망치듯 찾아 헤매는 것은
 음악이 되기 위해 발버둥 치는
 아름다운 센텐스

 냐라키에게

*냐라키야,
나이를 똥구멍으로 먹는 어린애, 냐라키야
불같은 터키 남자는
불이 될 시간에
타오르지 못해서
날마다 신경질을 냈단다*

*어떻게 해야 할까
어떻게 해야 할까
네발로 기어서라도
단짝을 찾아가야지*

　　　　　　　　　　　——로제 언니가

　그날 밤 냐라키는 무작정 뉴욕으로 떠났다 미드나잇 익스프레스를 타고
　가을이 지나 겨울이 되어도 돌아오지 않았다

* snowstorm: 코카인 파티, 마약에 취해 황홀한 상태를 뜻하는 속어.

눈보라 속을 날아서(하)

　　1

우리가 아름다운 로제 언니를 처음 봤을 때,
　그녀는 사창가 골목 한쪽에 서서 취객들이 그 앞을 오갈 때마다 혼잣말처럼 중얼거렸다

　떡cake, 십 달러dollar.

　　2

부기주니어는 묻는다 "너의 마음을 내가 이해해도 되겠니?"
　마음이 마음에게 말을 건넨다는 것
　너의 마음을 내가 이해해도 되겠느냐고
　나는 부기주니어의 얼굴을 가만히 들여다본다

로제 언니는 우리들 앞에 사 등분한 가루를 내놓았다

부기주니어는 그것을 코로 힘껏 들이마시며 다시 묻는다 "이봐 나오코, 그러니까 내가, 너조차도 어쩌지 못하는 너의 마음을, 그것을, 내가 조금 나눠 가져도 되겠니?"

  마음이 마음에게 재차 묻는다는 것
  너조차도 어쩌지 못하는 마음을
  내가 조금 나눠 가져도 되겠느냐고
  마음이 마음에게 묻고
  마음이 마음을 멈칫하게 하고
  다가서고
  벌리려 하고
  하나의 마음이 하나의 마음속으로 들어가
  흔들고
  나누고
  알게 되는 것

  나는 코끝에 묻은 가루를 털며 부기주니어의 얼굴을 가만히 들여다본다 그의 얼굴이 참 얇다는 생각이 들자 나뭇잎처럼 벌벌 벌 떨리는 부기주니어의 얼굴 나는 눈물이 왈칵 쏟아져 나오려는 것을 꾹 참는다 부기주니어, 나의 마음도 너의 마음을 부르고 싶어 아직은 너의 얼굴에 조금씩 눈발이 흩날리지만, 가루가 몸속에 퍼지면, 그때는 순식간에 눈 속에 파묻힐 너의 얼굴, 더 늦기 전에 너의 마음을, 나는 너에게 아무 말이라도 해주고 싶어, 주먹을 움켜쥐고,

 "이봐, 부기주니어…… 미안하지만, 나는 불러본 적이 없어, 한 번도 마음속으로 누군가를 찾아본 적이 없다, 널 어떻게 부르지, 너라는 마음을, 지난밤엔 냐라키 언니가 떠났어, 너도 알지, 매일매일 누군가는 떠나, 냐라키, 이제 언니를 어떻게 부를까, 너를 어떻게 부르지, 나는 누구도 부르고 싶지 않아, 냐라키라는 마음을, 그리고 너라는 마음을, 또는 그 전체를…… 그리고 동시에…… 또 그 가운데……"

내가 아주 어렸을 때, 언니 때문에 한자(漢字)라는 것을 처음 알았을 때 그리고 한자를 쓴답시고 종이 위에 삐뚤빼뚤 몇 개의 획을 그렸을 때, 냐라키 언니는 기묘한 표정을 지으며 그것이 '흉(凶)' 자라고 일러주었다. 잊혀지지도 않는다

　'부기주니어…… 너를 어떻게 부를까, 너라는 두려움을'

　다락 속의 가루 가루 속의 난쟁이 난쟁이의 외투 외투 속의 구름 구름 속의 배지 배지와 낚시 낚시와 목이 긴 장화

　오스본, 메기와 부기주니어 우리는, 우리들이 찾는 것은, 우리들이 도망치듯 찾아 헤매는 것은
　음악이 되기 위해 발버둥 치는
　아름다운 센텐스

사람들은 나에게
너는 옷을 참 못 입지 못 입어
말하지만, 옷을 못 입는 게 아니라
어떤 옷도 나에게
어울리지 않는다는 사실을 깨닫는 데
십 년(十年)

그동안 사들인 옷들을 생각하면
mother fucker big black shit

너는 참 어리석구나, 어리석어
사람들은 나에게 말하지만
나는 어리석은 게 아니라
어떠한 가르침도 나에게
도움을 주지 못한다는 사실을 깨닫는 데
십 년

그동안 받은 질책을 생각하면

mother fucker big black shit

3

로제 언니는 우리들의 손을 잡았다
우리들도 언니의 둥글고 큰 손을 꼭 쥐었다
테이블 바닥에 흩어진 가루를 뒤집어쓰고
우리는 음악에 맞춰 걸었다 아니 아름다운 로제 언니의 작은 다락이 들썩, 들썩거리며
눈보라 속을 무겁게 나아갔다

이것은 열 종류의 안주와 독주……

어린 메기는 중얼거리며 차갑고 날카로운 바람 속에서
로제 언니의 몸을 휘감고 있는 색색의 문신을 보았다

오스본과 나 그리고 부기주니어는 그런 메기의 표정을 살피며

Bardo Pond, Hannah Marcus, Jessamine, Coco Rosie, Four Tet, Blonde Redhead, Jana Hunter, Sparklehorse, Belle and Sebastian……

오디오가 눈 속에 파묻혀 먹통이 되지 않도록 주의를 기울였다

로제 언니는 메기에게 자신의 태생과 성장 배경, 그리고 지난날의 사랑과 상처에 대해 들려주었고 메기는 로제 언니가 흘려보내는 소리를 들으며 조금씩 취해갔다

물과 고기 물과 고기…… 이것은 열 종류의 안주와 독주……

우리는 메기가 그렇게 중얼거리도록 두었다, 로제 언니의 말처럼

세상은 하나의 커다란 개미굴 같은 형태를 하고 있고 굴 속을 이리저리 떠도는 소리들
메기는 시애틀 마이애미 캔자스 혹은 엘에이 어딘가에서
자신의 귓속말을 들어줄 사람을 향해 그렇게 계속해서,

물과 고기 물과 고기…… 중얼거린다

우리는 목이 긴 장화를 신고 눈보라 속을 걸었다
그리고 갑자기, 어린 메기의 몸이 딸꾹질하듯 허공으로 튀어 올랐다 아니 로제 언니의 작은 다락이 울컥, 울컥거리며
눈보라 속으로 날아오를 태세였다

우리는 목이 긴 장화를 벗어던지고 와아, 하는 표정을 지었지만
로제 언니는 그렇지가 못했다

메기를 끌어안고 엉엉 울음을 터뜨리는
문신투성이 뚱보, 로제 언니

다락 속의 가루 가루 속의 난쟁이 난쟁이의 외투 외투 속의 구름 구름 속의 배지 배지와 낚시 낚시와 목이 긴 장화

오스본, 메기와 부기주니어 그리고 떠나간 냐라키
우리는, 우리들이 찾는 것은, 우리들이 도망치듯 찾아 헤매는 것은
 음악이 되기 위해 발버둥 치는
 아름다운 센텐스

나에게 소원이 하나 있다면
그것은 한 번만이라도
생긴 대로 살고 싶은 것
하지만 그게 안 돼서
말처럼 쉽지가 않아서

나는 엉망으로 늙어간다
내가 어리석다면
당신이 말하는 것처럼 내가 정말 어리석다면

아름다운 소녀는 더 아름다워지고
깊어진 사랑은 영원으로 가야 하는데

아름다운 소녀는 나빠지고
사랑은 깊어갈수록 진흙탕

내가 정말 어리석다면
당신이 말하는 것처럼 내가 정말 어리석다면
내가 만든 음악으로
나는 커서 멋지게 날아올라야 할 텐데……

(당신의 목소리는 참 이상하다
당신의 목소리는 자꾸만 나를 머뭇거리게 하지)

믿을 수가 없군 믿을 수가 없어

가난뱅이 창녀, 로제 언니는 결국 우리들의 손을 놓치고 말았다
언니는 가쁜 숨을 몰아쉬며
차갑고 날카로운 눈보라 속으로 멀어져갔다

굴 속의 사람들

"……이봐요, 어떤 말이라도 좋으니 한마디만 해봐, 지난밤, 잠든 당신의 뺨에 입 맞췄을 때, 당신은 잠결에 속삭이듯 말했지, 로제, 로제로구나, 뽀뽀해줄 사람은 너밖에 없지, 그러고는, 달력의 숫자가 하나도 없네…… 그랬잖아, 당신, 왜 그랬어, 무슨 꿈을 꿨길래, 그런 당신의 모습이 어쩐지 너무 가엾어서, 당신이 내게 해준 팔베개를 풀려고 하자, 당신은 나를 와락 끌어안았지…… 대체 무슨 꿈을 꿨길래, 이봐, 어떤 말이라도 좋으니 한마디만 해봐, 우리는

오늘 낚시를 가기로 했는데, 당신이 모든 걸 망칠 셈이군, 왜 그랬어, 바보 자식, 지금 네 얼굴이 어떤지 알아? 넌 곧 죽을 것 같아, 이 약해빠진 검둥이 자식아, 내가 누군 줄 아니? 내가 누군 줄 알아? 너에게 총질을 한 그 자식들을 내가 가만둘 것 같아? 어서 일어나, 지금 당장 그 자식들의 머리통을 내가 벌집으로 만들어줄 테니, 제발, 이 불쌍한 자식아, 사랑을 하면 왜 모든 게 진흙탕이니, 말해봐, 우리 애기, 어딨어, 나쁜 냄새가 나는 우리 애기……"

4

나는 아직도 비밀 같은 건 없다고 생각한다 적어도 이 세상엔 말이다

날 수도 없을 만큼 뚱보가 되어버린 새, 로제
그리고 냐라키

난쟁이는 우선 작은 녀석을 뜻하지만 감춰진 몇 개의 의미를 가지고 있고
　다락방, 가루, 가루 속의 난쟁이 난쟁이의 외투 외투 속의 구름 구름 속의 배지 배지와 낚시 낚시와 목이 긴 장화
　사람들은 모두 저마다의 비밀을 한두 개쯤 간직하고 있지만
　그것이 음악이 되기 전엔 차가운 동전이거나 혹은 주머니 속의 밀떡

　오스본, 메기와 부기주니어 그리고 떠나간 냐라키
우리는, 우리들이 찾는 것은, 우리들이 도망치듯 찾아 헤매는 것은
　굴 속의 사람들
　굴 속의 노래
　음악이 되기 위해 발버둥 치는
　아름다운 센텐스.

멜랑콜리호두파이

배가 고파서 문득 잠에서 깨었을 때
꿈속에 남겨진 사람들에게 미안했다 나 하나 때문에
무지개 언덕을 찾아가는 여행이 어색해졌다

나비야 나비야 누군가 창밖에서 나비를 애타게 부른다
나는 야옹 야아옹, 여기 있다고, 이불 속에 숨어
나도 모르게 울었다
그러는 내가 금세 한심해져서 나비는 나비지 나비가 무슨 고양이람, 괜한 창문만 소리 나게 닫았지

압정에, 작고 녹슨 압정에 찔려 파상풍에 걸리고
팔을 절단하게 되면, 기분이 나쁠까

느린 음악에 찌들어 사는 날들
머리빗, 단추 한 알, 오래된 엽서
손길을 기다리는 것들이 괜스레 미워져서
뒷마당에 꾹꾹 묻었다 눈 내리고 바람 불면

언젠가 그 작은 무덤에서 꼬챙이 같은 원망들이 이리저리 자라
　내 두 눈알을 후벼주었으면.

　해질 녘, 어디든 퍼질러 앉는 저 구름들도 싫어
　오늘은 달고 맛 좋은 호두파이를 샀다
　입 안 가득 미끄러지는 달고 맛 좋은 호두파이,
　뱃속 저 밑바닥으로 툭 떨어질 때
　어두운 부엌 한편에서 누군가, 억지로,
　사랑해…… 하고 말했다.

같이 과자 먹었지

엄마를 닮은 까마귀들……
호박색 자동차와 달콤한 과자…… 무지개…… 밤거리……
이것은 아름다움과 슬픔의 끝에서 만난 세계
우리는 모두 다섯이었고
까마귀가 되어서 행복한 까마귀들은
가끔씩 내게 말을 건넸지만
목소리는 들려오지 않았다 그것은 마치
같이 과자 먹을래?
같이 과자 먹을래?
나는 그렇게 알아들었고 수긍했고 고개를 끄덕였지
자동차의 배기통에선 무지갯빛 연기가
피어올랐어 물감처럼
뿜어져 나왔지 우리는 아무도 뒤돌아보지 않았지만
그것을 다 알고 있었고 또한 우리는
심한 다툼 끝에 화해를 한 자매들처럼 더욱 깊고 친밀해져서
가득한 사랑의 기운으로 가슴이 저려왔다 손을 맞

잡고 있었고
  나는 까마귀들의 여동생처럼, 웃었지
  까마귀들은 착하고 다정한 언니들처럼
  내 앞날을 걱정해주었고 격려해주었어 사랑하는,
  언니들…… 꿈같은 시간 볼을 타고 찔끔, 눈물이 흘렀어 이런 게
  무지개 향이라는 것이구나 이런 게 자동차에 함께 올라탄
  우애 좋은 자매들의 이야기로구나 더 바랄 것이 없는
  흙빛의 거리 이것이 우리가 그렇게 갈망하던 가정이고
  따듯한 음식이고 애정의 시간, 미래로구나
  나는 눈을 뜨는 게 싫었고 두려웠다 이것은 아름다움과 슬픔의 끝에서 만난 세계
  나는 네 명의 언니들과 함께 과자 먹으며 계속해서 귓전을 맴도는 달콤한 소리
  우린 오늘 같이 과자 먹었네
  우린 오늘 같이 과자 먹었어

속삭이며 달아나는 자동차

언니들, 눈을 달고 태어났다는 사실이 나는 원망스러웠고

늘어진 어깨, 팔과 몸통이란 게 썩어 문드러질 이 두 손과 다리라는 게

싫었고 두려웠다 같이 과자 나누어 먹는, 아름다움과 슬픔의 끝에

또 하나의 추하고 냄새 나는 살과 피와 똥과 정액의 세계가 싫어서

같이 과자 먹으며

같이 과자 씹어 먹으며

더 이상 나는 까마귀들을 언니라고 부를 수가 없어서

나는 그만 달리는 차에서 뛰어내렸고

질 질 질 무르팍에선 피가 흘렀다, 가버려요

언니들…… 정말로 가버리는 언니들, 이런 게

맹세의 반지가 빠져 달아나는 소리다

이런 게, 더 이상 되돌릴 수 없이 금이 가버린 가정의 냄새고

더 이상 노골적일 수 없는 핏빛의 거리 이것이 우리가 그렇게 증오하던 전쟁이며
　식어빠진 음식이고 미움의 시간, 현재로구나
　나는 더 이상 눈을 감는 게 싫었고 두려웠다
　까마귀들을 태운 자동차는 저 멀리로 사라져버리고
　무지개는 걷히고 같이 나누어 먹을 과자 같은 건 어디에도 없는 세계
　매정한 언니들
　부스러진 과자
　호박색 지붕 위에서 굴러 떨어지는 순간,
　코끝을 스치는 까마귀들의 겨드랑이 냄새처럼
　같이 과자 먹었지
　같이 과자 먹었어
　달아나는 목소리
　무지개, 밤거리, 다시없을 시간.

그리고 계속되는 밤

알코홀릭alcoholic, 그것은 연약한 한 존재가 자신을 열정적으로 위로하고 있다는 뜻이다

나빠질 때까지, 더 나빠질 때까지

스스로 대답해야 하는 존재들, 끝없이 질문하는 존재들과도 같이, 지구 바깥에, 허공에 집을 짓는 사람들

그런 시절이 있었지
그때는 나도 너처럼 말수가 적었고
감당할 수 없는 질문엔 얼굴을 붉혔다
험한 말을 늘어놓지도 않았고 가끔 술을 마시기는 했지만
즐기는 편은 아니었어…… 대신 호주머니에 돈이 좀 있을 땐
꿈꾸는 약을 샀지 매일 밤 계속될 것만 같은 아름다운 꿈들
돌이켜보면 조금은 지루하기도 했던 것 같군
아름답다는 건 때로 사람을 맥 빠지게 만드는 어떤 결심 같은 것이기도 하니까

종교를 갖는다는 것, 찬물로 세수를 해라 이 엄마가 죽도록 때려줄 테다

 공허해질 때까지, 더없이 공허해질 때까지

 언젠가는 밤새도록 책이란 것도 읽었지
 너처럼 책 속에서 오래도록 생각에 잠겼고
 형제들에게 버림받은 짐승처럼
 종이 속에 묻혀 조금 울기도 했지
 그래 손등은 보드라웠고 뺨은 희었다
 아! 뺨이 참 희었는데…… 너는 믿지 못하겠지만
 그때도 여전히 내가 누구인지 몰랐고
 어디를 향해 가고 있는지, 그저 언제나 다그치고 몰아세우는
 내가 나의 부모였으니까

 웨이트리스waitress, 네가 먹을 음식과 네가 먹다 남긴 음식을 치워주겠다는 뜻이다

 나빠질 수 없을 때까지, 더 이상 나빠질 수 없을 때까지

마음으로만 굿바이

차창에 기대어 아름다운 모습으로 잠들었을 때 나는 네가 그 상태로 숨이 끊어져 아름다움을 완성하길 바랐다 긴 머리 원피스 녹색 타이즈의 소녀여 땀에 젖은 속옷이 열기를 뿜어대는 밤 우리는 조금 가까워졌고 가슴속 네발 짐승은 미친 듯이 날뛰고 있어 **너를 어떻게 해야 할까!** 안녕, 널 보내주고 싶은데 컹 소리가 터져 나올 것 같아

이봐, 신사 양반 좀 점잖게 굴어! 그런데 가만, 이 미친 계집애가 오히려 내 목을 물어뜯을 셈이군 뻐근해, 싫어 이 기분

차창에 기댄 너의 발그레한 두 뺨이 슬프게 떨릴 때 나는 네가 그 슬픔 속에서 심장을 움켜쥔 채 고꾸라지기를 간절히 바랐다 제발 내 옷소매를 놓아줘 축축한 양말이 미끌거리는 밤 가슴속엔 으르렁거리는 이빨들이 추위에 떨고 있어 긴 머리 원피스 녹색 타이즈의 소녀여 **너를 이렇게 두어도 될까!**

이 더러운 계집애 이 더러운 계집애, 가랑이 속에 냄새 나는 털을 잔뜩 품고 있으면서! 구역질 나, 싫어 이런 감정

미안해 미안해, 말하고 싶지만 사나운 발톱이 네 얼굴을 못쓰게 만들어버릴 것 같아 다가서고 싶지만 널 한입에 물어 죽일까 두려워

너는 부드러운 손길 다정한 목소리 모두 나에게 주었지만 나는 너에게 줄 것 아무것도 없고 너를 얌전히 보내주기도 싫어 뒤죽박죽의 머리칼이 불처럼 타오르는 밤 **너를 이대로 보내도 좋을까!** 긴 머리 원피스 녹색 타이즈의 소녀여, 마음으로만 마음으로만 굿바이

물고기의 노래

어항 속 물고기는 듣는다
창가에 흐르는 새의 노래와
"안녕하시오 물고기 선생"
새의 인사를

물고기는 답례한다
아가미를 움찔거리며
물 풍선 두 개.

어항 속 물고기는 듣는다
창가에 넘쳐흐르는 새의 노래와
"당신도 노래를 아시오?"
새의 질문을
물고기는 듣는다
"수고하시오 물고기 선생"
새의 작별을

물고기도 답례한다

지느러미를 흔들며
물 풍선 두 개.

동물은 열두 가지

'죽으면 모두 단단해지지 그러나 모두 훌륭한 늙은 이가 되지는 않는단 말이야 그러면 위대한 왕의 미라가 어쩌구 하는 건 다 무슨 소릴까……'

머리가 모자라서 가슴이 답답하게 깊어간다 귀를 쫑긋 세우고 하루 종일 집 지키는 사람들 입구도 출구도 잠겨 있지만 동물은 열두 가지

사람들은 항상, 자신들의 뒷모습 그러니까 검은 털을 가진 개와 기다란 귀를 가진 토끼에 대해 말할 때조차도 풀숲의 뱀처럼 혹은 뱀이 집어삼킨 뱃속의 쥐처럼 자신들의 뒷모습을 두려움 속에서 바라보지만

언제나 서로를 향해 '검은 털북숭이가 납시었군' '이봐 귀머거리 토끼 양반' 같은 말들로 얼버무리기 일쑤다 그러면 사람들은 불 속에서 놀다 까맣게 타버린 검은 털의 개를 쓰다듬으며 중얼거리곤 한다 '저라고 별 수 있겠습니까 다들 열쇠가 없어서 하루 종일 열 수가 없는 거지요'

어떤 자들은 강철 지붕을 떠올리는 것 같다 꼬리를 늘어뜨린 채 갇혀 있는 사람들 입구도 출구도 열려 있지만 동물은 열두 가지

헬싱키

어디에서……
나는 이제 오는 것일까
두려움과 예절을
조금 아는 얼굴로

흰 연기를 뿜어내는 숲, 그건 구름
불에 휩싸인 마을과 언덕, 그건 구르는 마차

사람들은 내가 죽었다고 말한다
나는 검은 안경을 쓰고 잠시 누웠을 뿐인데
어둡지만 꿈은 없다
구두를 벗어놓으면 당신이 다녀갈까 봐 겁이 난다

1944년 북유럽 미술계의 중심이었던 할로넨 가문이 정치적인 이유로 하루아침에 떠돌이 신세가 되었다 당시 'Se-ducere'라는 미술 잡지의 편집장이며 시인이었던 우르호 사아리는 할로넨 가의 막내딸 로시타 할로넨과 정부의 감시를 피해 야반도주하였고 며칠 뒤 두 사람의 시체

가 헬싱키 외곽에서 발견되었다

                              *

 그것은 꽤 오래전의 음악처럼— 우리들 짧은 로망
 나는, 나의 시선은 눈 덮인 시골 마을로 향하고.
 예측하려 한다면, 도무지 예측할 수 없을 것만 같
은 저녁
 우리는 마을 입구의 작은 식당으로 들어섰지
 개미와 나방, 모래, 모래벌레들이 들러붙은 유리
창과
 창밖으로 내다보이는 공원의 풍경 빙판 나무들,
 기념 촬영이라고 씌어진 피켓을 들고
 분수대 주위를 서성이는 늙은 사진사—
 아마도 그는 내란(內亂) 속에서 청춘을 보냈을 것
이고
 내란을 기억하는 청춘들은 이제 소일거리나 찾는
늙은이가 되었겠지만
 저 늙은 남자 역시, 놓칠세라 청춘의 달콤한 토막을

짐승처럼 물어뜯었으리라

산책 나온 개들이 갑자기 성욕을 느끼듯
주인의 완강한 손아귀에서 벗어나 미친 듯이 제자리를 맴돌듯

당신은 어떤 사랑에 대해 말한다. **사랑의 가치, 진정한 사랑의 가치란 주어진 모든 시간과 열정을 바쳐 서로에게 치유할 수 없는 상처를 주고 죽을 때까지 그 상처 속에서 고름 같은 사유를 멈추지 않는 데에 있다, 말하겠어요,** 라고……

연인들이여, 지루하다면
사랑 대신 낙서

칼과 유리— 함께, 나의 소원은 운명에 이리저리 끌려 다니는 것

그러나 나는 이제 당신을 들을 수가 없게 되었다

—검은 흙 속에 두 귀를 주어서
당신의 휠체어가 부드럽게 구르는 소리와
당신의 야릇한 말투 목소리—그것은 온통 거부할 수 없는 진실투성이어서…… 창가에 돋아난 여리고 섬세한 잎사귀 같은 손을 흔들며 악랄한 거짓을 말할 때조차도. 그러나 당신 자신은 그러한 사실을 알지 못한 채, 시간이 당신의 그 아름다운 재능을 조금씩 갉아먹고 있다는 사실을 조금도 의식하지 못한 채……

딱딱한 의자에 기대어
나는 아무것도

슬픔은 정면으로 나를 들이받았다
그것은 더 이상 당신을 들을 수 없게 되었다는 절망을,
사실을 넘어서는 것이었다

피, 파도
피, 파도

어둠 속에서 이리저리 밀리는 자갈들……

헬싱키, 밤은 길기도 하지

*

공원의 검은 잔디 아래에는 그 옛날의 언덕이 잠들어 있고
　언덕 저편에는 함부로 돌을 쌓은 듯한 할로넨 가의 낡은 별장과
　평생 그의 자손들을 불행하게 만들었던 기형적인 무릎뼈

　담배를 꺼내 물고,
　사라져가는 이 저녁의 당신…… 나는 중얼거린다
'더는 글 따위는 쓰지 말자, 나는 어쩌다 어둠 속을 떠도는 시인 나부랭이가 되었나
　밤 고독 밤 유령들뿐이로군'

휴가, 휴가 — 기나긴 행군

그것은 꽤 오래전의 꿈속처럼 — 우리들 짧은 로망
나는, 나의 시선은 마을의 눈 덮인 공원으로 향하고.
우리는 낡은 벤치에 나란히 앉아
무덤 밖으로 불거져 나온 팔뚝을 바라보듯,
추위도 더위도 모르는 얼굴로
그 빛을 바래가고 있는 갈색 해바라기들,

우리는 그것을 한참 동안 바라보았지

시체를 이해한다는 것
시체가 진정으로 원하는 것
이봐요 거기, 괜찮은 거예요?
사람들은 말한다
이봐요 거기, 괜찮은 거예요?

휴가, 휴가 — 기나긴 행군

*쉴 새 없이 쉴 새 없이
두드리는
타이피스트여,*

차라리 나는 조용히 죽고 싶다

불쑥 드러나는 양변기의 때와
불쑥 꺼내 든 서랍 속의 검게 타버린 양초와
두려움에 떠는 종이들이여, 무뎌진 나의

사냥개!

확실한 템포를 가지고
어둠 속에서 눈이 내린다
 당신의 무릎 위에 구두코에 공원과 벌판에 눈발이 흩날리고
 더 이상 당신을 들을 수 없는 나는…… 이곳은 어깨가 빠질 듯하다

어떻게, 믿을 수 없다는 사실만을 믿을 수 있을까
— 검은 흙 속에 온 마음을 주어서

담배를 꺼내 물고,
희미해져가는 이 저녁의 당신…… 나는 중얼거린다 '금색 회중시계—
갑자기 쓸 수가 없다 셔터를 내린 가게 앞에서
안달을 하는 어린아이처럼, 뼈를 드러낸 고래처럼 나는 떠오르지가 않는다
필요한 것들—가게, 가게, 셔터, 셔터, 물, 담배, 대화, 당신, 당신 그리고 당신의 얼굴……'

그러나 시간은 쓰지 못하게 되어 있다
절망에 사로잡힌 고무나방처럼

태엽 속에서 잠자는 나의 연인이여
돌아서서 말하고 울겠다는 뜻이지

피, 파도

피, 파도

어둠 속에서 이리저리 밀리는 자갈들……

　　　　　　　　＊

젊은 시절, S.D.헬트너는 그의 책 『죽음의 머천다이징』에서,
— 내가 스스로 죽음을 택하지 않는 이유는, 달과 태양의 속임수를 너무 일찍 알아버려서
라고 썼다

참 굉장한 다이징이다

그 저녁의 공원에서 우리, 지친 두 백인 남녀는 말했지
"겁내지 마 겁낼 것 없어 우리는 아무도 해치지 않았고 또 우리는 미치지도 않았어" 벤치에 기대어……
"우리는 조금밖에 사랑하지 않았으니까요" 여자는

굳어버린 얼굴로……
"그래요, 우리는 서로를 조금 지나쳤을 뿐이죠"
맞잡은 손을 놓으며……
이야기의 시대는 끝났다
"당신이 만일 나의 머리통과 사랑에 빠질 수 있다면!" 권총을 꺼내 들고……
"내가 만일 당신의 머리통과 사랑에 빠질 수만 있다면!"
리듬의 시대
몰락과 죽음 어두운 소문들

공원의 아이들은 달리고 멈추고 뛰어오르며
너무 비명을 질러댄다

단념뿐이다
단념뿐이라니

한때는 지붕 위에 올라가
사랑하는 여인을 위해

바이올린을 켜기도 했다네
하지만 이제는 못 올라가지
어지러워서.

지붕 위에 몰려와
햇빛 속에서 날개를 터는 비둘기들,
아직도 나의 연인을 기억하지만
나에게는 이제 바이올린이 없다네
아들에게 주어서.

토하고 똥 누고 싶다

진실로…… 우리의, 이 알 수 없는 저녁
눈 덮인 공원에서 우리가 떠올린(떠나보낸) 몇 개
의 문장들……

1944년 겨울 할로넨 가의 그림들은 정부로부터 강제 압수당했고 시민들이 보는 가운데 광장에서 불태워졌다 시민들의 야유와 환호가 뒤섞였고 한편에선 정부의 압력을

받은 화랑 주인들과 동료들이 침묵 속에서 할로넨 씨의 임종을 지켜보았다

  —그는 말했다 "나는 헬싱키 태생이다, 나의 시간은 죽었다, 부족함이 없어라"

  토하고 똥 누고 싶다

  유리에 들러붙은 개미와 나방, 모래, 모래벌레들과
창밖으로 펼쳐진 드넓은 공원의 풍경 빙판 나무들
추위와 어둠 속에서 젊음도 늙음도 모르는 채
흔들리는 갈색 해바라기들이여,

  오래전의 꿈속에서
나는 묶여 있었다
당신은 울고 있었고 속옷만 간신히 걸친 채
입에는 테이프가 발라져 있었다
나는 너무 슬펐다
당신의 브래지어 끈이 줄 줄 줄

하염없이 흘러내렸으니까
물감을 뒤집어쓴 당신의 부모는 또
절뚝거리며 볼룸 댄스를 추고 있었으니까
나는 너무 슬펐다
오래전의 꿈속에서

기억 속에서 달아나려고 할수록
점점 더 기억의 밑바닥으로 가라앉는 저녁,
당신을 만지며 더러운 생각
당신과 기도하면서 더러운 생각
포옹하면서 더러운 생각
입 맞추면서 더러운 생각
달리면서 쓰러지면서 더러운 생각!

우르호 사아리는 호주머니 속에서 권총을 꺼내 들었다
운명이, 나는 흐느끼는 소리를 들었다

스케이트 돌려주세요
스케이트 돌려주세요, 제발

공원의 아이들은 달리고 멈추고 뛰어오르며
너무 비명을 질러댄다

단념뿐이다
단념뿐이라니

어둠 속의 설원이 내뿜는 강렬한 흰빛,
그것은 꽤 오래전의 약속처럼—우리들 짧은 로망
나는, 나의 시선은 그 빛을 따르고
예측하려 한다면,
도무지 예측할 수 없을 것만 같은 이 저녁의 당신…… 당신의 입술이 보인다
'연인들이여, 지루하다면
사랑 대신 낙서

칼과 유리
함께, 나의 소원은 운명에 이리저리 끌려 다니는 것'

공원의 늙은 사진사는 어느새 카메라를 들고
빠르게 셔터를 눌러대고 있다
그 모습은 마치 청춘 같아 보인다
눈 속으로 사라져가는 연인들을 향해
플래시는 계속해서 펑 펑 펑 터지고……

이봐요 거기, 괜찮은 거예요?
사람들은 말한다
이봐요 거기, 괜찮은 거예요?

그러나 시간은 쓰지 못하게 되어 있다
절망에 사로잡힌 고무나방처럼

피, 파도
피, 파도

어둠 속에서 이리저리 밀리는 자갈들……

헬싱키, 밤은 길기도 하지.

어린이날기념좌절어린이독주회

피아노의 건반은 여든여덟 개
그것들은 하나같이 만족을 알까⋯⋯

당신은 피아노를 사 들인다
어린이날이라고.
콧물을 훌쩍거리며
빵 부스러기를 흘리는 내가
흑백의 기묘한 작대기들과
교감을 나누리라고.
꿈에서조차 나는 단 하나의 건반에 대해
알고 싶지 않은데,
나는 두드린다!
나는 두드리고 당신은 즐거워, 한다
우리 아이는요 피아노를 집돼지처럼 다뤄요
손바닥만 한 당신의 뱃속에서
팔다리를 온전히 뻗지도 못하던 내가
처음 하나의 건반을 건어찼을 때
당신이 내지르던 그 야단스런 음계들이 뭘 의미하

는지
 꿈에서조차 나는 알고 싶지 않은데,
 나는 두드린다!
 어린이날이라고
 당신은 나를 피아노 앞에 주저앉히고
 나는 더 세고 강하게!
 두드려도 괴롭고
 두드리지 않아도 괴롭고
 당신은 그저 즐거워, 한다 어린이날 기념 독주회라고
 우리 아이는요 금세 피아노의 주인이 됩니다 보세요
 곧 알게 되겠지만,
 내가 당신을 이해한다고
 되는 것은 아니다

엽차의 시간

엄마는 울면서 잠든 나의 이마에 입을 맞춥니다
지난밤 드로그 씨네 둘째가 총에 맞아 뻗어버렸다는구나 너도 몸조심해라
땀이 나고 미끌거리는데 여자 친구는 손을 꼭 잡고 걷는 것을 좋아합니다
드로그 웨이는 죽기 전, 금고를 열다 감전이 되었고
두 손이 새카맣게 타버렸다는구나 망할 놈의 금고 회사!
새벽이 오면 떠돌이 늙은 개가 방으로 뛰어들어와
내 거시기에 코를 박고 냄새를 맡습니다 킁 킁 킁 싫다는데도.
동생은 또 자다가 나무 위에서 떨어져
엉덩이에 염소 뿔이 박혔고
나는 노트에 갈겨썼어요
그나마 성한 발가락으로 펜슬을 꽉 쥔 채,

죽음, 그런 것은 지우고 다시 써버린다

공포 속에서
너는 무리를 하지
무리를 해서
나에게 오지
꿀로 만든 벌
우유로 만든 젖소
저편의 너
달밤의 숲
언제나 이런 식이지
이 엽색꾼 불한당 놈아
권총은 그만두고
식칼을 들고 와라
목장의 열두번째 울타리에서
내 너를 기다리고 있으마
덤불이 있을 것이야
우— 웅덩이가 노래할 것이야
나무 위에선 늑대가 울고
구름들은 늘 똑같은 표정으로

그것은 풀벌레들의 신음처럼 잘 어울리지
저녁이 오면
오는 거야
옷깃을 여미고
덤불을 지나
목장의 열두번째 울타리에서……
피의 냄새가 너를 안내할 것이야
보여줄 것이야 이 세계의 잔인함을 복잡함을
이 주정꾼 백수건달 놈아
너는 알게 되겠지
반복은 없다
반복은 없어
그래서 너와 내가 이렇게
식칼을 들고
저녁의 손짓만을 기다리는 것이야

늙은 여자는 권총을 휘 휘 돌리며 창밖으로 사라집니다

엄마, 드로그 웨이가 죽기 전에 했던 말을 아세요?
그는 이렇게 말했답니다
"……나에게 유언 따위를 기대했다니, 죽기 전에 나는 한마디도 남기고 싶지 않아
그런데 이게 뭐야, 이렇게 더디게 죽어갈 줄을 누가 알았겠는가
지겨워 죽을 지경이다, 이것이 드로그 가의 운명이란 말인가, 더럽기도 하지
내 거시기 냄새나 맡으며 죽어가야 하다니
내 거시기 냄새나 맡으며……"
싫다는데도 여자 친구는 귓속말을 합니다
오늘 저녁에 시간 좀 내줄래?
미안하지만 오늘 저녁에 나는 시간이 없어
엉덩이에 박힌 염소 뿔을 뽑아야 하고
총에 맞은 대가리는 날아가버렸으니까
그리고 나는 오늘 저녁에
가죽 부츠를 꺼내 신고 카우보이 벨트를 하고
떠돌이 늙은 개를 만나러 가야 해

우리는 만나기로 했어

귀찮게도 여자 친구가 또다시 물어오면, 나는 답해버리지

너 따위를 만나줄 시간은 없다니까 이 거지 같은 년아!

여자 친구는 힘껏, 내 코를 비틉니다

이 엉터리 총각, 외숙모는 쭈글쭈글한 손으로 엉덩이를 찰싹 갈기지요

재수 없는 유령들—

나는 등에 말안장을 얹고

나는 죽고 싶을 때마다

엉덩이에 힘을 주고 달렸어요 똥줄이 타도록

노트에 갈겨썼어요

그나마 성한 이빨로 펜슬을 꽉 물고,

탄생, 그런 것은 시시해서 지우고 다시 써버린다

어둠 속에서

나는 무리를 하지

무리를 해서 너에게 가지
칼로 만든 바람
칠흑으로 만든 밤
이편의 나
달밤의 숲
목장의 열두번째 울타리에서
식칼을 들고 잠이 든
카우보이 유령들아
덤불 속에선 여우가 울고
구름들은 언제나 똑같은 표정으로
그것은 풀벌레들의 무덤처럼 잘 어울리지
기다림
기다림
엽차의 시간
물 컵의 추억.

멀고 춥고 무섭다*

  우리는 모두 음악가들인데, 술에 거나하게 취해 이리저리 혀 꼬부라진 말들이 오가고 있었는데, 갑자기 방문이 열리고 음악가 ㅁ 과 어딘가 몹시 답답한 인상을 풍기는, 낯선 사내 하나가 따라 들어오는 것이었다

  날씨는 덥고 방은 비좁고 올라오는 취기 속에서 더 이상 선풍기의 바람이 흐르는 땀을 식혀주지 못하는 새벽, 술 취한 목소리로 애교 섞인 노래 한 곡 불러줄 여자 하나 없이, 우리는 곤드레만드레 취해 빌어먹을 개새끼 호모 딴따라 계집애 같은 씨발놈, 그러고 있는데

  구부정한 어깨, 헝클어진 머리, 음악가 ㅁ 을 따라 들어온, 어딘가 몹시도 사람을 피곤하게 할 것만 같은 낯빛의 사내는, 나 시인이오 시인 아무개요, 그러는 거다 (시인은 무슨 쥐똥같이······) 술 맛이 떨어져서 우리는 딴청을 피워댔고, 목소리 큰 음악가 ㅈ이 일어나, 어이! 미음, 비읍, 시옷 이 개새끼들아 음악이 장난이냐! 소리치며 건너편에 앉아 있던 음악가

ㅁ을 노려보았고, 시인 아무개는 인상을 구기며 입을 꾹 다물어버리는 것이었다

 담배 연기와 악취, 열기로 방 안은 숨이 막혔고 어쨌거나 우리는 더 이상 마시기가 싫다! 그러고 있는데, 한쪽에서 음악가 ㅁ과 시인 아무개가 계속해서 챙 챙 챙 술잔을 부딪쳤고 음악가 ㅂ 역시 그런 음악가 ㅁ이 못마땅했는지, 씨발놈 일찍 일찍 좀 다닐 것이지, 하며 비틀비틀 일어나 방문을 열어젖혔고, 음악가 ㄱ이 뒤따라 일어섰고, 음악가 ㅈ이 재킷을 집어 드는 순간,

 어딘가 몹시도 불안해 보이는, 꼬일 대로 꼬여서, 도무지 내 인생 왜 이래? 하는 표정의, 지저분한 턱수염, 충혈된 눈알의 시인 아무개가 자리를 박차고 일어서는 것이었다. 그러고는 갑자기 문짝을 걷어차며, 다 대가리 박어! 그러는 것이었다

 우리는 모두 음악가들인데, 지지리 궁상의 끝에서

도무지 쓸쓸하게 취해버렸는데 왜 갑자기 난데없이 나타난 시인 나부랭이가 우리에게 대가리 어쩌고 하는 것일까,

그때 당황한 음악가 ㅅ이 술상에 엎드려 자고 있던 음악가 ㅇ을 부랴부랴 발로 걷어차며, 야 대가리 박지 마 일어나 대가리 박지 마, 얼떨결에 헛소리를 해댔고 시인 아무개 자식은 낄낄거리며, 이 새끼 봐라 이거 아주 맛이 갔구만, 또 그러는 것이었다

우리는 모두 음악가들인데 말이다, 장기 공연을 끝내고 허탈한 심정으로, 여자 하나 없이 취할 대로 취해버렸는데, 왜, 뭣 때문에, 간밤에 잠을 설쳐 피곤해 죽을 지경인데, 대체 왜, 왜!…… 담배 연기와 악취, 열기에 쉴 새 없이 진땀이 흐르는 이 좁아터진 골방에서, 우리는 아침이 오도록 음악과 시를 섞어야 했는가, 말이다

주먹은 까졌고, 날은 밝았다

* 어어부 밴드의 노래 제목.

아빠

선생님,
이곳에선 모두 죽었죠
믿어서 죽고
못 믿어서 죽고

아빠 하고 부르면
우선 배가 고프고
아빠 하고 부르면
아빠는 없고
아빠라는 믿음으로
개 돼지를 잡아먹는
먼 나라의 아빠 숭배자들처럼
먹어도 먹어도 먹은 것 같지 않은 아빠를……

선생님,
당신에겐 아빠가 있죠
당신의 아이들에게도 아빠가 있어요

아빠, 좋은 탁자다

그 위에 올라가
타닥 타닥 탭 댄스를 추고
노래를 부르고
당신의 아이들은 먼 나라의 배우들이 그랬던 것처럼
그 위에서 사랑을 나누죠, 아무렇지도 않게
아빠…… 그러한 믿음으로

등이 배기고 아플 텐데,
우리의 아빠는
아빠 하고 부르면
언제나 울상이고
아빠 하고 부르면
누가 먼저 먹어 치우지는 않을까,
언제나 걱정이 앞서는……

선생님,

이곳에선 모두 죽였죠
밤새도록 들락거리며
믿어서 죽이고
또 못 믿어서 죽이고.

썸 비치some bitch들의 노래

목구멍에 고무호스를 달고 사는 큰오빠
나의 메리 고 라운드merry-go-round,
현기증이 일거든, 눈을 감고 암흑 속에 펼쳐지는 빛들의 춤을 봐
아주 짧은 시간의, 황홀한 축제
눈을 뜨려고 애써봐야 그 시간은 어차피 현기증의 것
앞니 빠진 이쁜이를 태우고 불빛 속을 돌아가는 오빠
어둠 속의 춤추는 불빛들이 사라지면 뭐가 남니
늘 그 자리의 떡갈나무, 창밖으로 흐르는 더러운 강물과
달력 속에 죽은 듯 박혀 있는 눈 덮인 산들

우우…… 레피시*, 레피시,

사이드카가 달린 오토바이를 타고 싶어
큰오빠, 나의 오토바이야,

내 자존심에 커다란 웅덩이가 파였어

백 살 먹은 할멈의 산책처럼 나는 지금 숨이 턱까지 차고
　꿈길은 질척거린다, 아무것도, 들리지 않고 보이지 않아, 독(毒)이 올라서
　나는 그저 끝없는 하이웨이를 미친 듯이 달리고 싶어
　사이드카엔 박살 난 목마를 싣고, 내 작은 메리 고 라운드
　멀어지는 오토바이야,
　사라지지 않는 건, 떠먹지를 못해서

　큰오빠, 내 귀여운 숟가락아
　우리 마미 로봇은 글쎄 내가 아기였을 때
　이상하게 기어다니는 모습을 보고, 시간이 흐르면
　곧 일어서게 되고 또 걷고 달리게 된다, 그렇게 믿어버렸지만
　나는 오빠, 어쩐 일인지 일어설 수조차 없게 되었고
　마미 로봇은 배신감에 치를 떨며 스팀을 뿜었다! 그 후로
　맛있는 빵 대신 나에게 검은 오일oil을 주고

파티에 데려가는 대신, 가슴 판을 뜯어 스위치를 내렸지
어찌 보면 살아간다는 것, 때때로 누군가 완전히 죽여주는 것
큰오빠, 내 부러진 숟가락아
오빠는 마비가 된 후에 이름을 얻었지, 나는 이름을 얻고 나서 마비가 되었다
그러니까 큰오빠, 우리를 사라지게 하고 우리를 떠먹을 수 있는 건, 쇠심줄의 마미 로봇뿐

우우…… 레피시, 레피시,

오랜 시간이 흐르면
내 이름은 한낱 마미 로봇으로부터의 '썸 비치,' 그러니까 이것은 '어떤 년'의 노래
눈을 뜨려고 애써봐야, 그 시간은 어차피 추억 속 메리 고 라운드의 것
앉은뱅이 못난이를 태우고 불빛 속을 돌아가는 오빠
어둠 속의 춤추는 불빛들이 사라지면 뭐가 남니
늘 그 자리의 떡갈나무, 창밖으로 흐르는 시커먼

강줄기와
  달력 속에 썩은 듯 박혀 있는 눈 덮인 봉우리들
  사람이 만들지 않은 것,
  사라지지 않는 것, 마미 로봇도 어쩔 수 없는, 저 위대한 하늘과 산과 바다……
  하지만 그런 것은 언제나 공원의 늙은이들처럼 따분하고
  언제 폭발할지 모르는 다락 속의 자폐아들처럼 두려운 것

  시간이 흐르면
  사람이 만든 큰오빠, 호스로 숨 쉬는 내 작은 메리고 라운드
  죽어가는 내 인형, 도심 속의 오토바이야, 부러진 나의 숟가락아
  우리들의 이름은 어느 날 마미 로봇으로부터의, '썸 비치스'로 남아 있겠지
  그러니까 이것은 복수(複數), '어떤 년들'의 노래.

* läppisch: '어리석은' '멍청한'을 뜻하는 독일어.

칙쇼(畜生)의 봄

당신은 없구나
당신은 죽었지
봄에 죽었다
언 땅이 녹는다는 계절

진주를 주면
진주가 되고
링을 원하면
링이 되는 계절

달빛 아래
홀로 살아남은
칙쇼가 운다

주인 없는 개,
'로맨스'란 똥처럼 달고 냄새를 풍기는 어떤 것
어디서든 짖고
칙쇼는 먹어버린다

흡— 냄새를 흡입하며
칙쇼는 보여준다
수백 가지 표정을

그러나 당신은,
눈을 뜰 수도
감을 수도 없는
저편의 달
달무리
달의 먼지, 점이 되었다
공중의
호흡의
처량함의
입을 뗄 수도
다물 수도 없는
침울한 짐승아

너구리의 망령들아

화성의 불똥들아
우물 속의 방귀야

창자 목도리를 하고
회오리 속에서
우리는 약혼을 했었지
변변치 않은 망령들의 둔갑과
변변치 않은 화성의 불똥과
우리는 변변치 않은 냄새를 조금 맡았고
아무도 먹을 수가 없고 누구도
삼킬 수가 없는 것이 되었다

칙쇼가 말하길,
연애를 그만둔 것은
함께 잠을 잤던 모든 여자들이
상처를 입거나 혹은 병신이 되지도
결코 죽어 나자빠지지도 않는다는
절망적인 사실을 깨닫고!

(우와—)

당신이 답하길,
너는 지쳐버렸다, 지쳐버렸어

(우우—)

공중에
호흡에
처량함에
허겁지겁 서로를
집어삼키며
우리는 하나의 패턴이 되었다
패턴이 만들어지고
천장의 지저분한 전구처럼
텅 빈 밤의 달,
달의 먼지가 되었다

진주를 주면
진주가 되고
링을 원하면
링이 되는 계절

당신은 죽었지
봄에 죽었다
침울한 짐승아

달빛 아래
홀로 살아남은
외로운 창자,
칙쇼가 운다

트랙과 들판의 별

세련의 핵심

이봐 아가씨 삼촌은 말한다 세련을 알고 있니 몰라요 이 세상에 세련을 알고 있는 사람은 아무도 없단다 우리는 세련을 생각하기 마련이지 특히 공포의 순간에 너는 세련된 사람이 되어야 한다 네가 지금 하고 있는 행동이 누가 봐도 세련된 것인지 누군가 너의 세련을 의심하고 있는 것은 아닌지 너의 서툰 모습을 얼마나 완벽하게 감출 수 있는지 그러한 기술을 가진 사람이 되어야 한다 물론 네가 지금 하고 있는 숙제도 너에게 세련을 알게 해주지는 못해 차라리 학교에 가서 세련되게 매를 맞아라 그것이 낡아빠진 작문 숙제일 경우에는 더더욱, 이라고 말하는 삼촌의 모습은 너무나도 세련된 것이어서 오늘은 조금도 세련되어 보이지 않는다 세련을 말하는 삼촌이 말이다 이것이 세련의 핵심쯤 되는가 보다

도라도라 댄스

이 세상에서 최고로 아름다웠던 언니가 있다 언제

나 언니를 생각한다 언니를 생각하면 못난 내 이름 내 얼굴 내 눈 내 코 내 입 내 발자국 내 목소리가 하나뿐이라는 사실이 도무지 믿기 힘들어지고 만다 못생긴 페이지들 언니를 생각하면 페이지가 없는 것이다 언제나 제자리를 빙글빙글 맴도는 일 때로는 언덕을 달려 내려가듯 한껏 팔을 벌리고 때로는 죽어가는 고양이처럼 신음하며 때로는 욕조의 더러워진 물처럼, 언니 언니 언니에게 빨려 들어가듯 도라도라 댄스라는 것을 춘다 엄마가 아이에게 밥을 떠먹이듯 나는 나에게 그것을 한 스텝 한 스텝 가르쳤다

새로운 전자 개

오빠는 처음 보는 것에 사로잡힌다 머릿속의 알파파가 그렇게 시킨다고 한다 *어째서* 알파파는 우주고 하느님이니까 오빠는 그렇게 믿고 그렇게 하는 것을 당연히 여기고 그것이 오빠의 인생, 전부다 새로운 전자 개가 나오면 그것을 보고 만지고 음…… 짧은 결정의 순간을 가진 뒤에 오빠는 그것을 가진다 그리

고 버린다 알파파는 언제나 즉각적이고 뉴 전자 도그도 당해낼 수가 없다 알파파는 신이고 생명의 원천이며 불가능한 뉴 전자 도그를 향한 끝없는 도전이니까

목수 섬기는 인생

그러나 아빠의 생각은 다르다 언제나 우리와 다르다 무엇 때문인지 모르겠지만, 그는 말한다 네가 내 새끼라니…… 인생은 그런 게 아니지 *인생은 그런 게 아니라니* 하루 종일 뚝딱거리며 매일 똑같은 소리를 지껄인다 인생은 그런 게 아니라고 개집 하나를 지으면서도 아빠는 무엇 때문에 할아버지의 목소리를 닮아가는 것일까 지금도 웃긴데 십 년이 지나면 얼마나 웃길 것인가 그것이 비와 바람과 천재지변을 두려워하고 섬기는 인생일지라도

파리채 선생

진짜 인생을 모르는 늙은 노처녀가 있다 그녀가 어떻게 선생이 되었는지 아무도 모른다 국가적인 위협

이 아닐 수 없다 이를테면 수업이 끝나는 즉시 집에 가서 숙제를 하고 불쌍한 부모를 도우라는 식이다 우리는 차라리 학교라는 게 없었으면, 하고 바라는 열일곱인데 그것을 표현하기라도 하면 또 등짝으로 파리채가 떨어진다 바보 같은 짓이다 우리를 일깨워주기는커녕 늙은 노처녀 선생의 이마에서는 땀이 흐르니까 말이다 국가적인 시간 낭비가 아닐 수 없다 서로의 인생관이 너무나 다르고 말이 통하지 않는다

러브 앤 개년

나의 연인은 말한다 우리가 아침에도 만나고 낮에도 만난다면 우리가 누구인지 내가 누구인지 너는 조금씩 모르게 될 거야 *어째서 사랑은 그런 것일까* 나의 연인은 말한다 우리가 늦은 밤에도 만나고 새벽에도 만나고 공원에서 들판에서도 만난다면 우리가 누구인지 내가 누구인지 결국 영원히 모르게 될 것이고 밤과 낮 공원과 들판에 대해서도 까맣게 잊어버리겠지 *어째서 어째서 사랑은 그런 것일까* 나의 연인은

소리친다 입 닥쳐 개년아 어째서라니 네가 그 사실을 자주 잊어버릴수록 너는 더 미친 듯이 사랑에 목말라 해야 하고 이곳에 없는 나를 찾아 밤새도록 공원을 숲 속을 개처럼 헤매게 될 거다 우리가 아침에도 낮에도 공원에서 들판에서도 만난다면 사랑은 역시 그래야 하는 것일까 나의 연인은 돌아선다 *어째서 나를 개년이라고 부르는 네가 누구인지 너에게 개년이라고 불리는 내가 누구인지 또 우리가 무엇인지 너의 말처럼 영원히 모를 수도 어쩌면 조금 알게 될 수도 있을 거다 모르는 거니까* 우리들 언젠가 공원에서 사랑을 나누는 연인들의 지갑을 훔쳐 과자와 홍차를 사먹은 적이 있어 그 사실을 아빠가 알게 된다면 우리를 개집에 처넣고 혹독하게 매질을 할 수도 있겠지 하지만 이 밤의 나는 너의 사랑을 받는 개년이다 *어쨌든 말이다* 우리가 누구인지, 아니 네가 누구인지 나의 첫번째 사랑이 어떻게 달아나고 마는지 똑똑히 알게 될 때까지는

누가 새에게 이름을 지어주었나

장미의 가시가 어떤 여자의 뺨을 할퀴고 흔들릴 때까지도 엄마는 태어나지 않았다 피가 배어 나오는 상처를 할 일 없는 어떤 남자가 다가와 어루만져주었을 때 엄마는 태어났다 상처를 만져주던 손길은 이내 자취를 감춰버렸지만 엄마의 이름은 어쨌든 '*한 남자의 손길을 기억하는, 장미의 가시가 할퀴고 지나간 어떤 여자의 상처*'다 내 친구들 중엔 더 긴 이름을 가진 애들도 있다

보는 사람 엄마 엄마 엄마

엄마는 창문에 붙어서 아무것도 하지 않는다 창밖의 나무가 엄마를 빤히 들여다보고 창밖의 우물이 엄마에게 말하고 창밖의 새들이 그녀의 머리 위로 날아갈 뿐 엄마는 창문에 붙어서 아무것도 하지 않는다 언제나 다정한 멜로디로 응, 응, 응,이라고 흥얼거릴 뿐 귀여운 엄마 엄마는 미운 사람이 아니고 부드러운 바람이 머리칼을 쓸어주는 엄마는 아름답다 엄마는

맨들맨들하고 착하고 따듯하고 조용하고 그런데도
엄마는, 빌어먹을 년이다

할머니
파리채 선생이랑 별반 다를 것이 없다

가자! 다림질
언제까지나 풀리지 않는 얘기들 얘기들로 우리는 서로에게 스팀을 뿜는다 소리를 지를 수가 없어서 소리를 지르는 대신 다리미와 나 구겨진 셔츠 우리는 서로에게 조용히 스팀을 뿜고 있다 계절은 여름이고 신경질이 나도 소리를 지를 수가 없다 누군가 우리의 작은 창을 걸어 잠갔기 때문에 누군가 우리의 목소리를 짓누르는 계절이기 때문에 방문을 두드리는 소리를 애써 외면하고 소리도 지를 수 없는 어둠 속에서 나는 다림질을 한다 가자 가자 우리는 서로에게 스팀을 뿜어대고 있다 다리미와 나 구겨진 셔츠 밤을 새워서라도 이 작은 고장에서 우리가 해야 할 일은 있는 거니까

죽음 내 퍼피들

때론 두렵고 때론 지루하다 열일곱 창밖으로 나뭇가지를 들고 가는 언니의 그림자와 내 주위의 모든 것들 구름 비행기 열매 흙냄새 무엇과도 견줄 수 없을 만큼 두렵고 지루한 시간 꼬리 치는 *내 퍼피들* 우리는 서로에게 주의를 기울여야 한다 친구로서 서로에게 주의를 기울여야 한다고 생각한다 나와 내 주위의 모든 것들 그러니까 연인 가족 친구 학교 산과 바위 그리고 바위보다 더 단단한 죽은 자들의 목소리에도 주의를 기울여야 한다 친구로서 언니 동생으로서 터져 나오려는 웃음을 꾹 참고 눈물을 감추고 달아나면 끝이다 돌아서면 끝이다 꼬리 치는 *내 퍼피들* 제발 너를 함부로 굴리지 말아 나를 망쳐선 안 돼 너는 고작, 아직 어린애니까

트랙과 들판의 별

나는 미래 같은 건 없다고 생각한다 그러니까 오빠

의 새로운 전자 개는 없는 거나 마찬가지다 *알파파라니* 나 역시 세련을 생각한다 삼촌처럼 할아버지를 닮지 않기 위해 빌어먹을 년이 되지 않기 위해 어쩌면 삼촌과는 관계없이 조금 더 세련을 알기 위해 미래는 없는 거나 마찬가지다 아름다운 채로 죽은 언니와 이곳에 없는 나의 연인을 위해 열심히 트랙을 돌다 들판에 처박혀 가쁜 숨을 몰아쉬는 쓸모없는 별처럼 미래 같은 건 아무래도 좋다고 생각한다 사로잡힌 아빠와 날지 못하는 엄마의 긴 이름을 떠올리며 나는 늙은 노처녀처럼 국가적인 시체처럼 헉헉거리며 간신히 숨을 쉬고 있는 나의 모습이 이 세상에서 가장 세련되다고 생각하니까 말이다 우리에겐 언제나 우리들만의 승리, 어쨌든 그런 것만이 존재할 뿐이라고 굳게 믿으니까 말이다

배척된 채로
우리에겐 우리들만의 승리가 있다
그러니 모든 길과 광장은 더러워져도 좋으리

술병과 전단지와 색종이 토사물로 뒤덮여도 좋으리
창가의 먼지 쌓인 석고상은 녹아버려라
거추장스러운 외투와 속옷은 강물에 던져버려라
우리에겐 우리들만의 승리가 있다
배척된 채로
배척된 채로

제2부

춤추는 언니들, 추는 수밖에

2층 사는 남자가 창문을 부서져라 닫는다, 그것이 잘 만들어졌는지 보려고

여자가 다시 창문을 소리 나게 열어젖힌다, 그것이 잘 만들어졌다는 걸 알았으니까

서로를 밀쳐내지 못해 안달을 하면서도 왜 악착같이 붙어사는 걸까, 더 큰 집으로 이사 가려고

바퀴벌레 시궁쥐 사마귀 뱀 지렁이 이 친구들은 자신들이 얼마나 미움받고 있는지 알기나 할까, 파티에 초대받은 적이 없어서

아줌마 아저씨들은 '야 야 됐어' 그런다, 조금 더 살았다고

그러면 다리에 난간은 뭐 하러 있나 입을 꾹 다물고 죽은 노인네에게 밥상은 왜 차려주나

그런 게 위안이 되지

두리번 두리번거리며, 빵 주세요 빵 먹고 싶습니다
배고픈 개들이 주춤 주춤 늙어가는 저녁

춤추는 언니들, 추는 수밖에

회전목마가 돌아간다
Sick Fuck Sick Fuck

 엔초 페라리를 타고 터널을 놀라게 하고 싶다 늙은 이들이 울어서 짜증이 나겠지

 태어나는 것처럼 나쁜 짓은 없다 친밀감 그것은 변장한 악에 불과하다 나는 아가들을 악질이라 부른다

 어둠 속에서, 그녀가 서둘러 옷을 벗기 시작했다 그리고 완전히 나체가 되어 침대 위로 쓰러졌다 나는 외투의 단추조차 풀지 않은 채로 그녀의 알몸을 내려다보았고 '잘 자'라고 말했다 잘 자…… 그러자 그녀가 담요를 끌어와 가슴과 아랫도리를 감추며 나와 자기 자신, 두 사람에게 동시에 배반당한 사람처럼 말했다
 '그래, 좋아'

 내 거시기에선 언제나 식초 냄새가 난다 나는 그 냄새를 고스란히 느끼며 극장 쪽으로 걸었다 길에서 우연히 초등학교 동창인 반달 얼굴을 만났다 반달 얼

굴이 내게 반갑게 인사를 해왔다 나중에 한잔,을 끝으로 돌아서며 나는 그가 모든 면에서 별 볼일 없을 거라는 확신이 들었다

 —자네는 만 레이 필름을 본 적이 있나?
 —그렇습니다 선생님
 —그렇다면 자네의 필름은 만 레이를 베낀 거로군
 —그렇습니다 선생님
 —부끄러운 줄 알게
 —그렇습니다 선생님 저는 제 자신에게 부끄러움을 안겨주고 싶었습니다

 —집에 불가사리를 가져오지 말아요
 —왜지?
 —그건 보시다시피 조금도 예쁘지가 않아
 —집에도 예쁜 건 없어

 대화가 멈추자 대화가 시작되었다 침묵 속에서

회전목마가 돌아간다 sick fuck sick fuck……

이집트의 한 남자는 태어날 때부터 못을 먹었다 그는 자신의 아내와 아이들에게도 못을 주었고 그들은 그것을 먹어야 했다 때때로 아내와 아이들이 그것을 삼키지 못하고 뱉어낼 때면 남자는 상심했고 당겨진 끈처럼 분노가 치밀었다

팽팽해진 산책로를 따라 그녀가 울부짖으며 달려 나갔다 나는 제자리에 서서 그녀가 나로부터 멀어지기를 기다렸다 그래,를 말하면서 계속해서 계속해서

그래 그래 그래 그래 그래……

위로가 필요하다면 위로가 필요한 것이다 동정을 모르는 촌뜨기 푸주한일지라도 그것 말고는 신음뿐이지

그래 그래 그래 그래 그래……

죽은 조랑말 냄새

언덕 위에 엎드려 하루 종일 풀을 뜯고 싶다 부디 한가롭게 끈이 풀린 것처럼 언덕이 슬슬 검은 배를 보여줄 때까지

아이들은 갑자기,의 세계에 살면서 뛰고 달리고 소리친다 그곳에서 아이들을 끄집어내는 순간 그들은 반쯤 죽어버린다

사라지는 것, 그렇군, 웃음은 항상 사라지게 되어 있는 것이다 구멍 밖으로

—태어나는 건 역시 안 좋은 거야
—그러니까…… 너는 그게 싫은 거야?

마술이 기다리고 있다

인생의 삼분의 일을 꿈속에서

피가 굳어가지

코딱지처럼.

사산(死産)된 두 마음

땅속에 거꾸로 처박힌 광대처럼
열두 살, 사탕을 너무 먹어서
두 발은 계속 허공을 걷는다

시간은 좀도둑처럼 어둠 속에서
딸꾹 딸꾹 조금씩 죽어가고
참새들은 그것을 재밌어 한다

서른여섯 살의 악마가 다가와 열두 살의 나를 지목할 때까지
(딸꾹거리며)

검은 칼을 든 악마가 열두 살의 목을 내리칠 때까지

불안에 떠는 광대처럼
(딸꾹, 딸꾹거리며)

살았는지 죽었는지 모를 이 땅속의 자식아!

흙 속에 처박힌 열두 살,

귓속의 매미는 잠들지 못한다.

모모

악성 독감에 걸린 모모는 이불을 뒤집어쓰고
나답게 살자, 나답다는 것은 무엇인가, 어쨌거나 나답게 살아야 해
다짐하며 밤새도록 열에 시달린 새벽

바다가 호수가 되고 처녀가 수염을 기르고
토끼가 사자를 쫓는 악몽에서 깨어난 뒤
모모는 자기도 모르게 바보 천치가 되어
나답게 살자는 지난밤의 다짐을 잊고
콜록콜록 죽은 할아버지의 곰방대를 훔쳐
집을 나갔다

모모…… 그는 어디에서 어떤 모습으로 담배를 태우고 있을까
그러나 모모는 그다지 멀지 않은 곳에서
모와 모가 갈갈이 찢겨진 이상한 모습을 바라보며
깊은 고민에 빠져 있었다

모모는 말했다

모모는 이제 아무런 의미가 없구나,

모와 모는 이제 아무런 의미가 없어……

모모는 찢겨진 채로 12월을 맞았고

성탄절의 밤, 색색의 전구를 매단 트리와

음식 냄새로 가득한 옛집으로

모모는 자기도 모르게, 언젠가 한 번 와본 적이 있는데, 그렇게

바보 천치인 채로 돌아오게 되었다

안녕하십니까, 어르신들

혹시 남은 음식이 있다면, 제게도 좀 나누어 주시겠습니까?

모모의 부모는 기절할 듯한 표정으로 모모를 와락 끌어안으며 울음을 터뜨렸고,

모모의 어린 여동생은 모모에게 다가가 냉랭한 목소리로 말했다

"이 살인마, 왜 그랬어, 바보 새끼, 뛰어내려!"

모모는 따듯한 수프와 훈제 요리를 허겁지겁 입으로 가져가며
  있어도 그만 없어도 그만인 모와 모에게
  들릴 듯 말 듯한 소리로 속삭였다
  '이자들이 나를 어리둥절하게 하는군'
  식사를 마친 모모는 누구의 것인지 모를 곰방대에
  불을 붙였다 그리고 어떤 식으로든 말이 통할 것 같지 않은
  두 늙은이와 어린 계집애에 대한 생각을 잠시 멈추고
  자신을 뚫어지게 바라보고 있는 그들을 향해 큰 소리로 말했다
  "이보시오! 실은 내가 말이오, 당신들도 어쩌면 눈치 챘겠지만 나는 사람의 탈을 쓴, 사납기 그지없는 늑대올시다! 허 허 허, 배불리 먹여줘서 고맙긴 한데 나는 은혜 따위 모르는 들짐승, 이제 슬슬 배은망덕을 좀 보여드릴까?!"

모모의 부모는 근심 어린 얼굴로 모모의 두 손을 꼭 쥐었다
모모의 어린 여동생은 모모를 작은 발로 걷어차며
여전히 연극배우의 대사를 흉내 내는 듯한 말투로 소리쳤다
"너 때문에, 내 인생이 꼬였어!!"

모모는 두 늙은이와 어린 계집애에게 사로잡혀
겨우내 담배를 태우며 지냈다
모모는 어떻게 어떤 식으로 살아가야 할까
밤새도록 고민의 고민을 거듭하던 밤
호수가 바다가 되고 처녀가 수염을 자르고
도망치던 사자가 덥석 토끼를 낚아채는 꿈에서 깨어난 뒤
모모는 문득, 모와 모에 대한 기억을 되찾고
나답게 살자, 나답다는 것은 무엇인가, 어쨌거나 나답게 살아야겠다는

오래전의 다짐을 떠올리고
　모모는 더 이상 모와 모가 아닌 모모에게 되새기듯 말했다
　모모는 언제나 의미가 없구나,
　모모는 언제나 의미가 없어
　모와 모가 모모가 된들 달라질 것은 없단 말이지

　모모는 어느새 새처럼 가벼운 마음이 되었다
　가도 그만 안 가도 그만인 겨울이 가고
　이듬해 모모는 아랫마을의 처녀와 결혼식을 올렸다
　행복해도 그만 행복하지 않아도 그만이었다

　세월은 흘러, 어느덧 모모의 어린 여동생은 어엿한 처녀가 되었고
　"왜 그랬어, 바보 새끼, 그럴 거면서!"
　언제나 변함없는 말투 그대로였으며
　모모의 늙은 부모 또한, 항상 모모의 두 손을 꼭 쥐어주었다.

게이 찰스 존재

마흔—금이 간 마른 물감들의 색조
아이스크림은 익어가지

게이나 찰스로 늙어간다는 것

드러난 모든 시간—어린이 창녀들 주일의 신자 등대 피크닉 정오의 입맞춤 도시 죽어가는 고양이 시냇물 나무 열매 외톨이 불 숨은 군인 엽서 지루해진 농담 마흔 지껄이기 지껄이는 시체들 주정꾼

신부가 될 일곱 아이의 엄마와
달리는 웨딩 마차 속의 시체 게이 피아니스트

발가락으로 건반을 두드리는 존재—찰스 찰스 찰스

검은 막대 흰 막대는 외친다, 일곱 번

당신과 결혼하고 있습니다

당신과 지금 결혼하고 있습니다

검은 막대 흰 막대는 날뛴다, 백만 번

할 말이 있으면 어서 말해요
할 말이 있으면 들리지 않는 나의 두 귀에 대고!

당신은 할 말을 한다

──베이컨이 되기 위해 돼지는 웁니다, 울어요

게이나 찰스로 늙어간다는 것

 드러난 시간의 모든 머리 장식──아름다워요 추해요 시끄러워요 지겨워요 괴로워요 아파요 외로워요 근사해요 지독해요 부드러워요 따스해요 야비해요 헤어져요 남남(男男)이에요 지저분해요 지껄이기 반복되는 숫자 시체들 마차 속의 신부 게이 피아니스트

아이스크림은 익어가지
마흔—금이 간 마른 물감들의 색조

돌아보는 존재—찰스 찰스 찰스

웨이트리스

언제나 당신들이 옳았다는 것을……

변기에 얼굴을 처박고 나는 생각했다
당신들의 비슷비슷한 외모 태도와 말솜씨
그런 것들은 오랜 시간이 흘러도
당신들의 주문이 옳았다는 것을 확신케 하고
될 수 있으면 나는 이런 식의 이야기들을
유니폼과 에이프런,
검은색과 흰색으로만 적고 싶었다

먹고 토하고 먹고 토하는 일에 대해
스탠드의 불빛이 흰 벽을 스치듯
식기와 찻잔을 나르는 일에 대해
수저를 주워 당신들의 테이블에 되돌려놓는
혼자만의 시간에 대해

변기의 물을 내리고
입술을 씻으며 나는 생각했다

언제나 당신들의 계산이 옳았다는 것을
당신들의 지나간 날들 얼룩진 과거와 현재
그런 것들은 오랜 시간이 흘러도
더 이상 당신들의 감수성이
당신들의 삶을 변화시킬 수 없다는 것을 깨닫게 하고
되도록 나는 이런 식의 이야기들을
메뉴와 빌즈,
검은색 흰색으로만 쓰고 싶었다

속고 속이고 사랑하고 배신하며 죽이고 살리는 일에 대해
낡은 오디오의 음악이 흰 벽을 타고 흐르듯
침묵 속에서 조용히 칼과 포크를 나르는 일에 대해
부서진 컵 조각을 주워 당신들을 안심시키는
혼자만의 시간에 대해

밤이 지나고 아침이 와도

아침이 가고 또 다른 밤이 찾아와도
언제나 되돌아오는 그 시각 그 테이블에서
당신들의 멈추지 않는 식욕이 옳았다는 것을
흰색 블라우스와
검은색 스커트의 주름을 바로잡으며
이 불빛의 도시에서 가장 초라하고 더러운 화장실
밖으로
그 어떤 웨이트리스보다 더 밝고
친절한 얼굴로 걸어 나가는 일에 대해
역시 옳다고 믿는 앞으로의 기나긴 시간들에 대해.

곰뱀매거진18호

case 1_나는 내가 만들었어요 밤새도록 내가 만든 거예요

사랑이라고 믿어버리면 쉽게도 사랑이 되는
먹다 남은 한심한 떡볶이, 접시 같은 남자들을 보면
머리를 쪼개서 자신의 뇌를 수저로 떠먹게 하고 싶어요

5p—
그이는 날마다 화를 내고 싶어 했죠
여자들의 배 위에서 씩씩거리며 화를 내고 싶어 했어요
마치 이 세상에 화를 내기 위해 태어난 짐승처럼
매일 밤, 부러질 듯, 딱딱해져서.
어떤 여자는 삼자대면하자고 말했죠

9p—
눈을 감았지만 그 어떤 내면의 목소리도 들려오지 않는

나에게는 영혼이라는 게 없는 걸까

10p—
되는대로 지껄여보지만
언제나 생각했던 맛은 아니다

어쩌면 사랑은 어려서부터, 우디 앨런처럼.

14p—
당신은 지금 죽어도 상관없다고, 항상 입버릇처럼 말하지만
 오늘이 지나면 내일이 와요, 내일이 지나면 다시 또 오늘이 왔다

19p—
당신이라는 존재, 한순간의 욕망이 만들어낸 거짓투성이
 내가 당신을 마지막으로 보았을 때
 당신은 너무 늦게 잘못을 뉘우친 늙은이처럼

초라하고 형편없는 몰골이었지

우리 엄마도 그렇게 죽었어

23p―
다 같은 삶이라고 생각하면,
 영원히 죽지 않는 아버지가 지갑을 열어 시간을 내어줬죠

써라, 너의 몫이니

25p―
 하지만 이것은 진짜가 아니에요 내가 원하는 건 전부를 거는 진짜 사랑 저 먼지 구덩이, 과걸랑은 잊어버리고
 이 빌어먹을 밤의 공터에서! 나를 가져요

32p―
 그러나 당신은 사랑에 빠진 것이 아니고, 잠시 약

해졌을 뿐.

 ······헤어진 그이의 친구와 사랑에 빠졌습니다 친구의 사촌과도 사랑에 빠졌고 친구의 사촌의 이복동생과도 친구의 사촌의 이복동생의 룸메이트와도, 사랑에 빠지고 말았죠

 당신은 그저, 조금 약해졌을 뿐.

*

 case 2_나는 내가 죽였어요 밤새도록 내가 죽인 거예요

 어떻게 살아도, 로큰롤의 왕 엘비스를 잊고
 엘비스와 상관없는 사람처럼 살아도 부끄럽지 않다는 표정의 여자들을 보면,
 가슴을 갈라서 자신의 심장을 포크로 찍어 먹게 하고 싶어요

43p―
원하는 게 무엇입니까?
나는 당신의 왕 당신의 엘비스입니다

어디로 가고 있습니까?
나는 당신의 왕 당신의 엘비스입니다

47p―
침울한 얼굴의 아내는 농장의 닭들과 많은 대화를 나눴죠

11월 다음엔 왜 12월이어야 할까? 나는 젊은 채 죽을 것인데……
꼬꼬야, 요즘 사람들은 옛날이야기를 믿지 않지
코끼리들의 무덤이 산이 됐다거나
거대한 코끼리들이 산을 삼켰다거나 하는 이야기
남자가 아니면 왜 여자여야 할까? *꼬꼬야, 나는 모른 채 죽을 것인데……*

지난가을 아내는 닭들과 함께 집을 나갔죠

49p―
당신이 당신 자신을 엘비스라고 믿는다면,
영원히 죽지 않는 어머니가 당신의 손을 잡고 무대 위로 데려갈 거예요
그러곤 말하겠죠

외쳐라, 불타는 사랑이라고!

52p―
하지만 이것은 진짜가 아니에요 내가 원하는 건 화려한 진짜 인생 이 흉내쟁이, 망토 의상일랑 벗어버리고
저 거짓 속삭임으로부터! 나는 귀머거리가 될 거예요

56p―

그러나 당신은 잘못된 것이 아니고, 잠시 약해졌을 뿐.

이래도 저래도 나는 당신의 왕 당신의 엘비스 누구도 내게 거짓말쟁이, 외톨이라고 손가락질하지 않죠
누구도 내게 총을 겨눠 겁을 주지도 않아요 나는 당신의 왕 당신의 엘비스니까
하지만 오늘은 감기에 걸렸군요 엘비스도 사람이니까 콧물을 훌쩍거리며 노래를 부르고 치렁치렁한 술이 달린 금박의 소매로 콧물을 훔칠 때,
꿈속의 아내는 비로소 내가 엘비스라는 사실을 인정하고, 어깨를 두드렸죠

당신은 그저, 조금 약해졌을 뿐. '약하다'는 것은 흘러가는 감정,

57p—
인생의 시작은 작은 빛에서부터.

9 갈고리 잭

내가 입 맞추고 싶은 것들
프랑스
꽃 나팔
전진하는 젊은 시범자
힘찬 손놀림
새로 산 책
수줍은 첫 페이지
미소
흰 언덕 아래로 미끄러지는 소녀
9
갈고리 잭

그러나 내게 입 맞추는 것들
프랑스
검은 꽃 나팔
새로 산 책
사라진 첫 페이지
거짓에 사로잡힌 젊은 시범자

거친 손놀림

눈물

흰 언덕 아래로 달아나는 소녀

방금 피의 샤워를 마친

9

갈고리 잭

조금만 더

지금은 싫어
시간이 누그러지면 그때……
(이 개 병신)
넌 항상 날 인정해줬지
넌 항상 인정했어
그것은 네가 날 속이고 있다는 감정을 갖게 해

사랑해, 너는 그 말을 놓치고 말았지
발밑으로 툭 떨어졌어
넌 그것을 주웠니?
난 거지 같았지
(이 개 병신)
왜 그랬어 왜 그랬어 왜 그렇게 했니

무서운 일은 꿈에서 다 겪었지
모두들 나를 붙들고 울며불며
왜 그랬어 왜 그랬어 왜 그렇게 했니

하나도 부끄럽지 않았어
하나도?
무서운 일은 꿈에서 다 저질렀지

사랑해, 그런 건 뭘까
하지 마
하지 좀 마
(이 개 병신)

삼겹살 집의 선풍기는 끄덕끄덕 돌아가고

조금만 더

너는 내 앞에서 날 바라보면서
내 눈 내 코 내 팔 내 다리 너는 그것들을 지우고 있어
내 앞에서 날 마주 보면서
이렇게 지워지는 건 뭐지?

가만있어 내가 슬슬 지워줄게
그럼 난 어디로 가는 거야?
가만있어 내가 슬슬 지워줄게
깨끗해져?
응 없으면 깨끗해지는 거야
넌 있을 때마다 지저분해 보였지

조금만 더
조금만 더

난 내가 생각했던 것보다 훨씬 더 네가 놀랄 만큼 굉장히 아주 아주 깨끗해지고 말 거야!

……그런 네가 항상 좋았지
항상 좋을 수 있다는 건, 뭐지?
넌 없었어?
난 없었어 그래서
우린 이렇게 있을 수 있는 거야

연애시, 연애시라는 걸 쓰는 사람들이 있지
그런 건 뭘까
없어지지 않는데
없어지지 않는데
이 더러운 자식 이 더럽고 지겨운 자식

그래도 난 한 번도 네 얘기를 쓴 적이 없어
너에 대해 한마디도 하지 않았다
그것은 나 자신을 대견하게 느껴지게 해

난 네 욕을 한 번도 한 적이 없어
난 신사야
넌 신사지

항상 네가 옳았어
넌 없었으니까
난 없었어

난 있을 때마다 항상 틀렸지

조금만 더

삼겹살 집의 선풍기는 끄덕끄덕 돌아가고

우리는 밤새도록 냄새를 맡고 마셨지
돼지고기다
돼지고기 냄새가 우리 몸을 감쌌지

우리는 그때 거의 사라져가고 있었고
난 네가 너무도 맡고 싶었지
돼지고기다
우린 돼지고기였고

우린 옳았어
우린 옳았지,
그때 우리는 우리들이

옳다는 것을 인정했지만
우리는 없었어
(이 개 병신)
우린 그때 모든 걸 다 잃었지
창피하게

한 계단 한 계단
지옥으로 걸어 내려가며

조금만 더……
조금만 더……
우리는 우리 자신을 향해
밤새도록 속삭였지

코코로지CocoRosie의 유령

지금은 거울 속의 수염을 들여다보며 비밀을 가질 시기
지붕 위의 새끼 고양이들은
모두 저마다의 슬픔을 가지고 있다
희고 작고 깨끗한 물고기들이 죽어가는 겨울
얼어붙은 호수의 빙판 위로
부러진 나뭇가지들이 이리저리 뒹굴고
나는 어른으로서 이 시간을 견뎌야 한다 어른으로서
봄이 되면 지붕 위가 조금 시끄러워질 것이고
죽은 물고기들을 닮은 예쁜 꽃들을 볼 수가 있어
봄이 되면 또 나는 비밀을 가진 세상의 여느 아이들처럼
소리치며 공원을 숲길을 달릴 수 있겠지
하지만 보시다시피, 지금은 겨울
주전자의 물 끓는 소리를 들으며 부끄러움을 가질 시기

이 저녁의 모든 것은 어긋났고
우리들은 그 모든 것의 멤버

식탁 위에 올라가서 겪는 귀여운 가자미들의 고통은 우리들을 거대 단체로 만든다

로버트의 끊이지 않던 기침 소리

저녁이 되면, 식당 안을 들락거리던 작은 소음들은
비 맞아 떨고 있는 아기처럼(그런 것 따위 본 적 없지만……) 흐느끼는 소리를 내었다

'로버트, 너는 아직 외출 중이구나……'

창문을 흔들던 비바람이 잦아들고
나는 들고 있던 칼을 도마 위에 내려놓으며
로버트와, 문득 떠오른 육촌 형 론버트의 관계를 생각했다
연상 작용에 의해 어떤 식으로든 그들이 연결되어 있는 것처럼 느껴지지만
언제나 생판 다른 것, 친구 우정 가족 애정

뒤집을 것도 없는 가자미들.

'그렇게 매일 두 눈을 모으고 울상을 하고 있는 보조, 주방장 보조, 로버트'

여자들은 그를 애처롭게 여겼다 아빠에게 두들겨 맞은
불쌍한 남동생처럼

누군가는 수작을 부린다.

마치 사람이 옷을 입고 있는 것처럼
하늘도 두꺼운 옷을 걸치고 '추위'를 계속해서 만들어냈다.

"언니들, 왜 우리 집은 이렇게 언제나 매번 항상 웃음이 끊이질 않고 근심 걱정이 없고 사랑과 배려로

넘쳐나며 원하는 모든 것을 원할 때에 언제든 소유할 수 있는 걸까? 속상해"

부잣집 소녀들.

하얗고 납작해진 얼굴로 예, 그럼요
아니요, 그런 것은 별로…… 읊조리던 보조, 주방장 보조,
로버트가 돌아온다

식탁 위의 가자미가 뼈를 드러내는 저녁,
뒤집을 것도 없는 가자미들

누군가는 겁에 질린다.

저녁의 양(羊)과 올 더 세임all the same

바람은 머리칼을 건드리며 지나가고
지금은 드넓은 초원의 양들을 생각해 *그려볼까*
아름다운 이국의 그림에는 양 떼와 초원이 있었지 흰 언덕과
이곳에서는 볼 수 없는 거대한 산봉우리들,
하지만 내가 알지 못하는 건 그리지 말자 *아는 게 얼마나 된다고*
보다 사실적으로 오, *그 지겨운 사실!*
하수구를 지나는 물소리와 짖어대는 개들과
공장의 붉은 철문을 비추는 초라한 햇살
그러니까 어떤 내밀함, 처음 그려보고 싶어지는 수챗구멍 속의 달걀 조각 사과 껍질 공장의 매캐한 연기가 폐 속을 자극해
우리 이어폰을 꽂고 판다 베어panda bear나 들을까?
아름다운 이국의 그림 속에는 말이야
너를 닮은 흰 얼굴의 소녀,
소녀가 들고 있는 데이지 꽃과

오래된 성 주위를 맴도는 금발의 어린 양치기도 좋겠지

하지만 만져보지 못한 건, 가져보지 못한 건 금세 사라져버리니까

사라지지 않는 게 얼마나 된다고

보다 구체적으로 오, 그 망할 놈의 구체!

알고 있는 것만 그리자

그러니까 어떤 안정감, 부패하고 악취를 풍기는

쥐들이 파헤쳐놓은 고양이의 콩팥, 배를 열어 보여주는 검은 콩팥처럼

처음 보게 되는 것들은 얼마나 많을까

재스민jessamine의 올 더 세임all the same은 어때?

아니, 나는 이제 그만

보고 싶고 듣고 싶고 만지고 싶은 것들을 뒤로 미루고

오늘은 이력서를 제출해야 하고 은행에 들러 공과금을 내고 동네 아이들의 쿵쾅거리는 소리와 시디플레이어에서 반짝이는 버튼의 불빛 청소차 교회의 종

소리 그리고 언제나 곁에 있는 것 같은 떠나간 너, 너의 달콤한 입 냄새 침대 위에 버려져 있을 헝겊 인형 칙쇼의 무표정한 얼굴과 노을 속에 잠겨 있을 방, 내 방, 그런 것들

  바람은 머리칼을 엉망으로 헝클어놓고
  떠나버린 네가 보았던 나의 두 눈과
  내가 보았던 너의 두 눈 속의 것들
  나의 두 귀로 네가 들어버린 것들
  그러니까 어떤 리얼함, 처음 그려보고 싶어지는 쟁반 위의 수북한 먼지와 머리카락들
  이 옛날 게임기로는 갤러그 같은 걸 할 수 있어 알고 있지? 방귀 뿜는 자동차나 앵두 먹는 피에로 같은 것들을…… 너 알고 있지? 너의 목소리,
  나는 응 응 응이라고 마치 네가 곁에라도 있는 듯 혼자서 말해버린다 길거리에서 사람들 속에서
  자, 이제부터 양을 그려, 양부터 시작해서 이곳에서는 볼 수 없는 저 그림 속의 거대한 산까지

나는 마치 떠나간 네가 곁에라도 있는 듯

양을 그리면 양을 그릴 수 있을 뿐이야 그게 시작이고 그게 끝이지 양을 다 그리고 나면 저 산 따위는 자취도 남아 있지 않을 걸

하지만 나는 양을 그릴 거야 양을 빨리 그리고 산도 그릴 거야 양은 금세 그릴 수 있어 그러면 산도 금세 그리게 되지

너는 마치 내 곁에라도 있는 듯

산을 그리기 전에 양을 금세 그린다고? 그런 건 없어 그건 불가능한 일이야 양을 그리면 양을 그려야 하는 거야 양을 다 그리고 나면 너는 긴 잠에 빠진 어린 나귀 말라 죽은 다람쥐가 되어 있을걸

나는 혼자서 말해버린다 길거리에서 사람들 속에서

나를 지겹게 하는 이 모든 것들 속에서

그리고 지금 이제야 문득 그려보고 싶어지는 것들 속에서

너는 재스민의 올 더 세임을 따라 부르며

금방이라도 사라져버릴 것들 속에서

죽은 년이 그만둬! 재수 없게 그만두라니까!
흥얼거린다

응 응 응
예 예 예

미러볼
——다자이 치쇼(1998)

 다자이는 미러볼을 생각했다 국수를 먹으며
 작은 거울 조각에서 반사되는 빛이 어두운 실내를 천천히 회전하는 모습……
 국숫집의 주인 여자가 분주하게 테이블을 밀었다 뺐다 하며 청소를 하고 있다
 흰 먼지들이 날아오르는 게 거슬렸지만,
 '이봐, 나 다자이 지금 식사를 하는 중이고
 청소 따위는 내가 국수를 모두 먹고 난 뒤에 하면 어떻겠는가'
 주인 여자에게 말하고 싶은 것을 꾹 참고 다자이는 계속해서
 회전하는 은빛의 미러볼
 미러볼을 생각했다 그러는 사이 어느새 테이블 밑으로 대걸레가 쓰윽 지나가고,
 이런 제길! 젓가락을 소리 나게 내려놓으며
 다자이는 미러볼 세트를 사야겠다고 다짐했다

미러볼을 사자

미러볼을 돌리고 어두운 방에 누워
작은 거울 조각이 반사하는 빛을 바라보며
음악을 들어야지
검은 두더지처럼 꿈틀거리며
나 다자이를 돌이켜 보아야지

  나는 어떤 조합이나 단체에도 소속되어 있지 않고 사람들을 독촉하는 직업을 가지고 있지도 않으며 가정을 필요로 하지도 보험에 들지도 않았고 기부금을 낸 적도 자원 봉사를 생각해본 적도 없다 식물이나 애완동물을 키우지도 않고 옷을 자주 갈아입지도 선거에 참여하지도 않는다 기념일을 싫어하고 사람을 깊이 사귀지 않으며 연설하는 사람을 보면 그렇게 재밌을 수가 없고 대중목욕탕과 어린이를 혐오한다 당분간,이란 말을 들으면 도망치고 싶고 왕국이란 말에는 어쩐지 가슴이 답답해져온다 나는 사랑을 믿지 않으며 섹스를 좋아하지만 섹스가 끝난 후에는 남자든 여자든 사라져주었으면 좋겠고 친구 혹은 우정이란 말처럼 불순한 것은 없다고 생각하며 부모나 형제 자매 친척 중의 누군가를 살해하고 감옥에 가야 하는 것만큼 부당한 일도 없다고 생각한다 '새 날아간다'라는 문장을 읽으면 우선 날갯짓의 듣기 싫은 소리와 깃털 속에 들러붙어 있던 온갖 종류의 세균들이 순식간에 대기를 오염시키는 모습이 떠올라 견딜 수가 없다 세상의 모든 대화, 세상의 부질없는 모든 대화……

미러볼을 사자

미러볼을 돌리고 어두운 방에 누워
작은 거울 조각이 반사하는 빛을 바라보며
음악을 들어야지 밤새도록
죽은 자들이 흥얼거리도록
내버려두어야지
나에게는 과거도 미래도 현재도 없다네
다만 내가 남긴 먼지와 먼지들

당신들에게 맡긴다……
두더지처럼 꿈틀거리며
떠다니는 먼지들을 바라봐야지

미러볼 미러볼
전쟁이 터져도 미러볼을 사자
옆집에 미사일이 떨어져도 미러볼
전염병이 돌아도 미러볼
엄마가 피를 토하고 쓰러져도
고향 땅이 쑥밭이 돼도 미러볼
미러볼이 뭐길래?! 무시하고, 미러볼을 사자
이기적인 개새끼!!, 미러볼 미러볼이다

뽀삐

비좁은 방공호 속
열두 살짜리들이 어깨를 웅크리고 앉아
한 녀석은 목을 잡고 다른 한 녀석은 앞다리를
또 한 녀석은 뒷다리를 잡고 떠돌이 개 뽀삐와
했다

그 뒤로 뽀삐는
세 녀석을 보면 꼬리를 치며 달려들었고
열두 살짜리들은 묘한 감정에 사로잡혔다
누가 먼저랄 것도 없이 동시에
뽀삐를 향해 돌을 집어던지는 것으로
상황을 극복하려 했지만
뭔가 석연치 않은 구석이 있었다
밤마다 뽀삐의 울음소리가 이 골목 저 골목을 흔들고
며칠 뒤 떠돌이 개 뽀삐는 마을을 떠났다

뽀삐는 수캐였다

섬망(譫妄)의 서머 summer

 해님에게라도 물어보고 싶다
 애니멀 빈티지 프릿 써리 원,이라고 하는 슈트를 입은 소년이 아직도 호텔 로비에서 누군가를 기다리고 있더냐고. 그렇지가 않다면
 어제 만든 벙어리밀반죽호박떡케이크의 시럽으로 약간 덜떨어진 시큼함의 크리에이션에 대해서라도…… 어떻더냐고, 물어보고 싶다 제발 지저분한 손가락으로 뱃속을 다 뒤집을 생각이냐, 등을 쳐주던 양호 선생님의 가차 없는 표정과 목소리를 빌려

 소녀는 물어보고자 한다 달님과 구름, 객실 천장의, 어딘가 좀 모자라 보이는 샹들리에의 끊어진 알전구에게라도, 무엇이, 왜,
 이렇게 한심할 정도로 괴롭게 변해버린 것일까 호텔을 떠난 소년이 길 건너 차이나타운의 에스프레스콜로 들어가더라는 친구의 전화를 받았다
 걱정할 거 없어 걱정하지 마 에스프레스 콜 말야 더럽게 지저분한 곳이지 하지만 너는 이해해야 해 한

번 가면 또 가게 되고 또 가게 되고 또 또 또 가게 되지 제길 그냥은 절대로 지나칠 수 없다는 뜻이야 코끝에 감겨오는 특유의 향 때문에 기분이 이상하게 돼버려 모르긴 몰라도. 그치 역시 자기도 모르게 호텔을 떠나 스르르 발길을 옮겼을 거야. 친구는 묻지도 않은 말들을 늘어놓는다 줄줄이 위로의 차원이라지만

  들어주기가 괴로워지고 만다 이봐이봐이봐 나는 지금 창에 두꺼운 커튼을 치고 있어 열도 나고 목도 아파 조금 있으면 파파가 올 시간인데 오늘은 놀고 싶지가 않아 지겹고 겁이 나 그게, 걔 때문이라고?! 그게, 내가 걔 때문이라고?! 이 봐 이 봐 이 봐 너는 오늘 집에서 나올 때 수도꼭지는 잠그고 나온 거니? 고양이는 밥을 좀 먹든? 액자는, 액자는, 내가 말하던 그 액자에 너는 티어드 리본 장식의 드레스 사진을 끼워 넣기는 했냐?!

  통화가 끊어진다 소년은 차이나타운에 있구나 중얼거리며 소녀는 커튼을 걷어내고 길 건너편의 상점

들을 내려다본다 보라색 니트에 블루 리본이야 작고 귀여운 푸른색 앵두가 프린트된 스커트면 되겠어 올 여름을 장식할 나만의 마크 제이 스타일!

　예에에에……

　소녀는 거울 앞에서 한 바퀴 돌아버린다 자 무엇이든지, 이제 먹을 수 있겠다 차이나타운도 에스프레스콜도, 슈크림을 얹은 럭셔리 체이스도 다섯 개나 먹을 거다 파파도 검은 세단도 뭐든지 다 먹어버릴 거야 먹을 수 있겠어 **어둠 속에서, 이렇게라도 주먹을 움켜쥐고 있지 않으면 역시 곤란해지고 만다……** 무엇이, 왜, 이렇게 한심할 정도로 답답하게 변해버린 것일까 소녀는 물어보고 싶다, ─에게라도

*

　여름에는 언제나 잎사귀가 푸르지

여름에는 가지 끝이 쑥 쑥 자라서
여름에는 언제든 달콤한 물을 맛볼 수 있지

눈가에 번지는 아이섀도가 마음에 들어 볼을 타고
눈물이 조금 흐르는 열여섯,
　섬망의 서머

배우는 울고 마차는 굴러 간다

당신이 알려고 하는 것은
당신이 이미 알고 있는 것
당신의 깊은 마음이 알고 있는 것을
굳이 알아야겠다면, 당신이란 사람
곤란한 사람……
카이저 수염의 인디언 여자 마술사가 속삭이는 소리

무엇을, 내가 왜, 알려고 한단 말인가
헛소리 집어치워! 꿈속에서 소리라도 질러야 하는 걸까

배우는 울고 마차는 굴러 간다

벚꽃이
나비를 쫓아
두근두근
날아가는
봄날의 밤

긴 잠에서
막 깨어난
독사의
입 냄새

나에 관한 은밀한 이야기들이 날갯죽지 밑으로 새어 나간다
축축한 이야기들

갑판 위의 늙은 남자들이 찻집의 젊은 마담에게
차례로 발길질을 당하며 웃고 있다, 허 허 허

좋은 것이다, 젊은 여자에게 얻어맞는 일.

배우는 울고 마차는 굴러 갈 뿐

인디언 여자 마술사의 이름은 풀 죽은 화가 나탈리

(Natalie Glum Painter)
그녀가 지어준 너의 이름은 마늘 맛 초콜릿 리차드
(Richard Garlicky Chocolate)

아무렴,

달빛 아래 누운
나탈리의 유방
탐스럽게 빛나는
팬pan 위의 만끼르manggir

그것을 맛보는 너의 심정은 어떠한 것일까
맛이 그만이군 달콤해 달콤하구나, 물속에 처박혀 울먹이는 나의 연인, 히로시

너와 얼마간의 시간을…… 그래, 그렇지, 갑판 위에서, 내가 너를 난간으로 데려갔지, 심한 바람에 여객선이 흔들, 흔들 그네를 탈 때, 그래 히로시, 내가

너의 등 뒤에서 너를 밀어버렸다, 그래, 그래서 뭐가, 칠만오천구백삼십오 시간 십팔 분 오 초 동안 나는 너를 지나치게 사랑했을 뿐, 빌어먹을 내 눈!

니가타 항이 가까웠다는 것을 나는 직감했다

검은 비단 위에 흰 벚꽃이 새겨진 머플러,
기모노, 상아색 나무 지팡이가 꿈꾸듯 내 눈앞을 스치고 지나갔다, 히로시……

배우는 울고 분장사는 취한다

니가타 식(式) 총잡이들의 이야기, 게다 신은 전설의 보안관, 화약 냄새, 시가 연기, 비 내리는 공터에서의 결투, 살롱에서의 뜨거운 술 한잔, 샤미센 연주, 국경을 넘어 달아나는 나룻배 행렬

나에 관한 은밀한 이야기들이 등줄기를 타고 흘러

내린다
　끈적한 이야기들

　이제 슬슬 너의 이름이 그립기도 하다

　배덕자(背德者), 후줄근한 고독의 이름이랄까, 품위라고는 없이, 이름을 숨긴 채 죽은 듯이 떠도는 외톨이, 징징거리는 유령, 까마귀들의 놀림감, 쓰레기더미 속에 처박힌 인형들의 찌찌랄까

　우리는 서로를 독차지하기 위해 살롱의 총잡이들을 닥치는 대로 죽였지
　피 냄새, 제기랄, 우리 빼곤 모두 내장을 드러낸 시체들뿐이로군
　보지도 듣지도 말하지도 못하는 시체들과 대체, 그래서, 어쩌자고!

　나의 눈은 조금씩, 천천히 멀고 있는 것이 아닌가,

허 허 허

좋은 것이다, 서서히 앞을 내다볼 수 없게 되는 일

마음의 준비를 하며, 완전히 눈이 멀기 직전에, 그래, 목숨을 끊어버리면 그만이 아닌가, 생각할 때면 히로시, 나는 즐겁다, 나를 골탕 먹이려는 신의 뒤통수를 후려치듯, 눈이 멀기 직전에, 나는 그만 유쾌해지고 만다

배우는 울고 분장사는 취할 뿐

하품을 하듯 길고 느리게
풀 죽은 화가 나탈리의 몸속에서
물감을 섞는 벚꽃,
자지, 3월, 팔레트를 보는 달빛

좋은 개든 나쁜 개든 결국 개일 뿐이 아닌가

배가 고프면 낑낑거리고 고개를 숙여 밥그릇을 혀로 핥는 것이야

 너의 목소리는 언제나 물 위를 첨벙거리며 달아나는 예수도마뱀만큼이나 우스꽝스럽고
 어처구니가 없다 괴상한 콧수염을 기른 너의 아버지도 그래

 야스오, 이 어리석은 놈, 천하의 못난이, 후레자식아, 라고 너의 아버지는, 그렇지, 번번이 나에게 고함을 질러대지만, 좋은 개든 나쁜 개든 시름시름 앓다가, 결국 옥수숫대 부러지듯 품위 없이 나자빠지는 건, 그래, 네 말대로 마찬가지가 아닌가

 어때?

 너의 이름은 마늘 맛 초콜릿 리차드, 딸꾹질이 나올 것 같은 맛이다

'그러면 총은 언제 쏘아야 하나 대체 총은 언제 쏘아야만 하는가, 바보 자식 너는 총을 벌써 쐈어'

마늘 맛 초콜릿이라니,
멍청해진 눈으로 문득 하늘을 올려다보게 될 그 맛

그 맛의 주인공들,

배우는 쓰러지고 마차는 굴러 간다

후지오카 상, 그러니까 너의 아버지, 젊은 여자라면 사족을 못 쓰는, 그래, 너는 어째서 그의 두번째 아내인 젊은 아다치 유치를 감쪽같이 사라지게 만든 것일까, 그녀가 항구의 유령이 되어 떠돌게 내버려둔 것일까, 어째서 너는, 더 이상 너의 아버지가 그녀를 사랑하지 않는다고 멋대로 믿어버린 것일까, 너와 나를 마술 상자 속에 열 달이나 처박아둔 여자, 꿈인지 생신지, 흑인지 백인지 모르게, 너와 나를 범

벅으로 뒤섞어버린 여자, 그래서, 고작 그래서……
여자는 떠돌고 나는 너를 검은 물 밑으로 거꾸로 처
박았지, 그래, 그때 나는 약간 속이 메슥거리고, 나
는, 나 야스오는 약간 외로웠다, 그러나 어쩔 수 없
이, 그래, 너는 간절한 눈빛으로, 나를 멈춰줘, 그런
눈빛으로 나에게 애원했기에, 그래 나는 그렇게 밋대
로 믿어버려서, 어쩔 수 없이, 하지만 출렁이는 바다
속으로 멀어지는 너를 가만히 바라보고 있을 때,

 이봐!

 누군가 나를 깜짝 놀라게 할 생각으로 소리쳐 부르
는 것 같아서
 누군가 등 뒤에서 손가락을 딱 하고 통기는 것 같
아서

 그러나 내가 나를 놀랄 만큼 큰 소리로 외쳐 부르
는 이상한 시간

빌어먹을 내 눈!

꿈인지 생신지, 이제 곧 니가타 항
우리가 검은 비단 위에 흰 벚꽃이 새겨진 머플러와
기모노, 상아색 나무 지팡이를 들고 서로를 차지하기 위해
결투를 벌이던 어린 시절이, 저기 있다

'그러면 총은 언제 쏘아야 하나 친구, 총은 언제 쏘아야만 하는가, 바보 자식 너는 총을 벌써 세 발이나 쐈어'

카이저 수염의 인디언 여자 마술사가 다가와 속삭이는 소리
당신이 그토록 알고 싶어 하는 것
그것은 당신이 이미 알고 있는 것
당신의 깊은 마음이 알고 있는 것을

당신이 굳이 알아야겠다면……
'너는 지금 총에 맞았고, 피 냄새, 제기랄, 당장에 시체로 변하고 말 테니까'

총알이 뚫고 지나간 상자 속의 사람들
살롱에서의 뜨거운 술 한잔, 샤미센 연주

그리워
그리운데
누굴까
누구일까
속삭이는
봄날의 밤

코끝을
스치는
독사의
입 냄새

히로시,

배우는 웃고 막은 내린다

고양이와 자라는 소년

왼쪽 골목을 지나
오른쪽 커브를 돌며
소년은 고양이를 집어던진다, 너 안녕
때린다 팜 팜 두 번 팜 팜 팜
더 이상은, 안 돼……

늘 혼자인 소년
길어지는 그림자
문제trouble 없인 아무것도 자라지 않아
왼쪽 뺨의 흉터로부터
태어난 날
오른쪽 발톱의
무덤을 향해
날아가는 고양이
어차피 천국은 건설되는 것이 아니지 않아
팜 팜 두 번 팜 팜 팜
더 이상은…… 싫어,
당장이라도 얼마나 멀리 날아갈 수 있는지

얼마나 빨리 외로워지고 마는지
하지만 그런 것은 아무래도 괜찮아
언제든 이빨 썩을 준비가 되어 있어

파라솔 아래
중얼거리는 소년
끈적한 테이블 작은 사이즈의 막대 사탕

죽어도 좋아,
주먹을 내려다보는 소년
사라지는 달콤함의 시간들

……너의 티셔츠에선 언제나
검은 줄무늬 고양이 냄새가 나

문친킨
──미치mich를 생각하며

스위트 워러,라는 여성이 있다
그녀는 툭 하면 시를 쓴다 멋진 시들을
줄 줄 줄 써버린다

문친킨 문친킨,
스위트 워러의 말이다
언제부턴가 나는 이 말을 자주 중얼거린다
배고플 때
외롭거나
답답할 때
잠이 오지 않는 밤
머릿속이 온통 뒤죽박죽일 때
뒤죽박죽으로 출렁거릴 때
담배를 뻑뻑 피우며
문친킨 문친킨…… 하고 말이다

무슨 뜻일까,
무슨 뜻이든

그저 문친킨 문친킨일 뿐이겠지만
오늘 같은 날은 한 백 번쯤 중얼거렸고
역시 문친킨의 힘이란
멍청해진 존재를
삽시간에 빨아들이는
마력을 가지고 있는 것이다
누가 뭐래도

문친킨 문친킨,
그런 세계가 있고
언제든 스위트 워러라는 여성이
문친킨의 입구에서 악수를 청해오는 것이다,
커다란 손을 내밀어

'스무 살이 되는 여름에
우리는 밤마다 강둑을 따라 걸었고
거지들이 우글거리는 아편굴에서
반짝이는 풍뎅이들을 보았네'

줄 줄 줄 써버린다,

 '아침이 오면
 거지들은 죽은 듯이 잠이 들고
 풍뎅이들은 구정물 위를 느리게 헤엄쳤지만
 스무 살의 우리는 매일 밤 강둑을 따라 걸었고
 문친킨 문친킨…… 피를 태우는 풍뎅이들의 수를
세었네'

 무슨 뜻일까,
 무슨 뜻이든

 스위트 워러의 말이다

부카케bukake, 춤의 밤

육체와 영혼이 분리되는 듯한
지독한 에스프레소 한 잔을 마시고
쓰디쓴 잎담배에 불을 붙이면
어느 먼 나라의 순교자처럼
곧 죽을 것 같은 얼굴들

다리의 연인들을 보며 나는 휘파람을 분다

영혼을 쥐어짜는 육체의 밤
비틀린 영혼이 한 방울의 고름과도 같은 액체를
육체 밖으로 흘려보내는 시간, 이것이 가스펠이다
영혼의 냄새에 취한 자들이
무릎을 꿇고 질 질 질 눈물을 떨구는

지저스, 당신만이 우리의 굉장한 스타!

신의 감각이란 무엇인가
랍비여, 나는 신을 보았고 보았으나 느꼈고 느꼈으

나 가졌고 가졌으나

 그이의 낚아채는 듯한 눈빛, 가슴을 괴롭히는 목소리, 재촉하는 손길, 걸음걸이, 외모, 외모, 헤어스타일

 그것은 사로잡힌 연인들이 상상조차 할 수 없는 어떤 고지식.

 두려움 속에서 자신의 감각을 잃어버린 존재들, 한 방 먹은 심장……

 예술이 시작되려 한다

 앉은뱅이 잡상인은 외친다

 신이 내린 장갑! 신이 깃든 박음질! 예술의 예술의 1센트!

 사랑만이 우리를 구원하고

 사랑만이 우리를 복되게 하며

 사랑만이 사랑만이 신의 사랑의 지저분한 히스토리가 우리들 여기(머리)에 있다

이제 곧 햄릿의 시간*

 더 깊은 연애와 상처와 가난과 질병과 더 많은 술과 약물에 빠져
 피가 흐른다 다리 아래로 걷잡을 수 없이 흐르는 피 이것은 이것은 무엇일까 (고민하는 너의 영혼은 같잖고) *미쳐 날뛰는 어린애처럼, 어서 그를 해치워버리자 가죽을 벗겨 기둥에 걸고 저 미쳐 날뛰는 어린애처럼, 피의 다리를 건너가자!* (소리치는 너의 육체는 눈이 부시다)

 랍비여, 나는 신을 보았고 느꼈고 가졌으나
 신이 버린 장갑! 신이 망친 박음질! 예술의 예술의 1센트!

 신의 사랑의 지저분한 히스토리가 여기(발바닥)에 있다

그러나 만일 우리가 어리석게도 손과 발을 씻으려 하면
　　더 많은 붉은 물이 흘러야 하고 그것은 어떤 밤인가

　　육체와 영혼이 타들어가는 듯한
　　지독한 독주를 입 안 가득 털어 넣고
　　쓰디쓴 열매의 과즙을 삼키는
　　어느 먼 나라의 불운한 예술가처럼
　　'저주받은 나의 어린 왕이여'
　　고통에 찬 얼굴들

　　나는 휘파람을 불며 다리의 괴로운 연인들을 지난다

　　다리의 쿠바
　　다리의 프랑스
　　다리의 인도
　　다리의 브라질

다리의 티베트
탄생 그리고 죽음,
헛되이 주사위는 굴러 가고
리듬을 타듯
큰 수 작은 수 큰 수 작은 수
다리의 뉴욕
다리의 상하이
다리의 마닐라
다리의 동경
다리의 멕시코
죽음 그리고 죽음,
헛되이 주사위는 구른다
왼발 오른발 왼발 오른발
왈츠를 추듯
에티켓이 생겨난다
죽어서 좋아진 자
다른 밤 속의 시체들
땅속의 두더지들만이 다른 차원의 시간을 이야기

하는 밤
　사실 그런 것은 없는지도 모른다,
　탄생
　죽음
　남자들
　여자들
　손을 맞잡고
　원을 그리며 돌아가는
　세계의 춤
　세계의 다리
　세계의 밤과
　세계의 바다
　세계의 물밀 듯한 키스와
　세계의 아름다운 면상
　마우이—라나이—카우아이

　바라보는 남자들
　마주 보는 여자들

수줍게 웃으며 불쑥, 누군가는 손을 내민다
그리고 다시 시작되는 춤
파트너
에티켓을 요구한다
세계는
세계의 언어
세계의 침대
세계의 넥타이
세계의 거들
세계의 변기
세계의 농담과
세계의 실수
연인들이라니!
탄생 죽음 탄생 죽음, 구름으로부터
빗방울이 달아나듯
땅속으로 처박히기 위해
구름으로부터 빗방울이 헤어나듯

우리에게 필요한 것은 무엇인가
그것은 어떤 밤인가,

"죽음을 모르는 아저씨, 아저씨는 왈츠를 좋아하나 봐?"
땅속을 긁는 소리

"남자들이라니, 여자들이라니, 우리 아저씨, 우리가 지옥을 지옥이라고 부를 수 있을 만큼 지옥은 예의가 있다는 거예요, 아저씨…… 그러니 지옥이라도 예의를 차릴 수밖에, 죽음도 삶도 모르는 아저씨, 아저씨는 이상한 사람인가 봐, 옷차림 말투 외모 외모 아저씨 같으니…… 아저씨는 잠을 자지 마, 한숨도 자지 마, 아저씨는 꿈을 꾸면 안 돼, 속이면 안 돼, 우리 아저씨…… 우리는 이상한 걸 좋아해"
발톱이 닳는 소리

신이 사랑한 어느 먼 나라의 아이들처럼
어둡고(지저스!), 치졸하고(지저스!), 늙고(오 지

저스!)

　늙어버린 얼굴로…… *이것은 무엇일까 저것은 저것은* (고민하는 너의 영혼은 같잖고) *놀이만이 전 인생을 걸지 놀이만이 불꽃을 튀게 하며 놀이만이 놀이만이 영혼에 상처를 입히지!* (소리치는 너의 육체는 눈이 부시다)

　이제 곧 햄릿의 시간,

　더 깊은 연애와 상처와 가난과 질병과 더 많은 술과 약물에 빠져
　비틀린 영혼이 고름과도 같은 액체를
　육체 밖으로 뿜어내는 시간

　마우이―라나이―카우아이

　괴로운 신의 밑구멍이 타들어간다.

* 총을 가진 왕이 나타나는 건 시간문제라는 뜻의 속어.

스위트피

너의 벗은 몸은 피곤한 듯 욕조에 잠겨 있어 냉동이 풀리는 꽁치처럼
하품을 하는구나
나는 마루 밑에 앉아 억센 솔로 구두를 닦지
그러니까 북 슈즈 북북 슈즈 그런 소리를 내며
욕조의 거품의 향을 나도 맡고 싶어 맡고 싶구나

하늘은 두 개의 공을 허공에 던져
저글링을 한다 밤과 낮, 창밖의 구름은 말이야
두 개의 공과 저글링을 보여주지
난 뭘 보여줄까
북 슈즈 북북 슈즈 강력한 솔로 나는 구두의 먼지를 털지

또는 찬장 속의 크래커
서랍을 열면 버터 맛 캔디가 있고
할머니가 오시면 맛있는 토마토 수프를…… 먹겠구나

하지만 구두는 또 너무 쉽게 더러워지고
너는 욕조 속에 잠겨 하품 대신 눈물을
흘린다…… 소년과 소녀 오빠와 동생 그러니까 남매 멀어져버린 남매로서 그것은 처마에 매달린 새똥처럼.

너는 이제 구두를 닦지, 비스듬히 욕조에 기대어
강력하고 억센 솔로 구두를 닦는다. 내 구둔데
숙녀가 되어버린 네가
나에게 벗어준 구두

나는 할 일이 없어 마루 밑에 앉아
구름처럼 입을 다물지
털보처럼 흰 수염을 달고
하늘의 두 개의 공을 허공에 던진다, 이렇게
이런 식으로, 무언가 달라진다
잠 속에서, 꿈속에서 무언가 달라질 거라 믿으며
향—

나는 아까부터 그것이 맡고 싶어……

향 속의 잠
잠 속의 꿈
꿈속의 물
물속의 거품
거품들, 사라지고 있구나
너는 그렇게 말하지 아무렇지도 않게
스위트피의 꽃말은 덧없는 기쁨!
오빠…… 너는 닦아놓은 구두코를 꾹 밟는다

잔디는 더 파래지려고 한다*

 저 오래된 유리창의 무늬들처럼, 누가 먼저랄 것도 없이 서로를 긋고 지나가는 칼날 같은 무늬들
 좌에서 우로 위에서 아래로 속삭이는 소리, 안타깝다 그러나 결국 아름답다, 온 마음을 다해 가로세로 안달을 하는 이야기들

 주제는 무엇인가 주제에, 주제가, 주제를 모르고 '그는 혹은 우리는'으로 시작하는 이 모든 고백의 홈타운에서의 피치 못할 좌절스러움들……

 그러나 금년에도 역시 11월 11일은 빼빼로 데이, 치키 붐 치키 붐, 내일은 숨은 그림처럼, 내일은 아무도 태어나지 않을 것인데

 너희 집 뒷마당의 우리 집 고양이 짐보야,

 쓴다는 것은 무엇일까, 무엇이라니
 세수하고 발 닦고 쥐처럼 자자, 그게 좋다, 그것대

로 맛이 있다 야아옹 야아아옹, 이라고

  짐보의 친구들은 언제나 이 골목 저 골목을 쏘다니며 두리번거린다

  이렇게 말을 한다

  이렇게 말을 한다는 것은, 무엇일까

  사거리에 서서 두리번거리는 뽀삐, 언젠가 한번 이곳에 와본 적이 있는데, 기억을 되찾으려는 듯 머리를 터는 뽀삐, 짧은 머리의 남자에게 질 질 끌려서였지, 아마도 개처럼

  뽀삐는 땅 냄새를 맡는다, 킁 킁 기분이 별로여서, 킁 킁 기분이 도무지 별로여서……

  어떠한 다짐들,

  어떠한 다짐들이 우리 아이들의 기분을 '별로'로 만드는 걸까

  너희 집 다락 속의 우리 집 불쌍한 처남은,

  어떠한 고민으로 다짐의 굴레 속을 헤매는 걸까

'……어둠 속에서 누군가 내 머리를 빗겨주었어
아 좋은 냄새가 난다 좋은 냄새가 나
나 처음으로 가족을 갖고 싶다는 생각을 했고
처음으로 가족을 가지면 큰일 나겠구나, 그런 생각을 했어
호주머니 속의 뭉개져버린 토마토는 밤새 질척거리고
지난밤의 모든 것들을 호의로 받아들여
오늘 밤은 더럽게 지저분하다, 아 싫은 냄새……'

싫은 냄새 속에서
쓴다는 것은, 무엇일까

무덤가의 노을이 유난히도 질펀하게 흐르는 날
누나는 어때? 매형은? 우리 집에 놀러 와, 액션! 액션!
머릿속을 가득 메운 크고 튼튼한 토마토들,

깨물면 피, 터지겠지……

너희 집 다락 속의 우리 집 불쌍한 처남이 떠올리는
가능한 액션들, 저 오래된 유리창의 무늬들처럼,
죽음을 향한 실수 연발들

그러나 한번 *삐끗*하면 그뿐, 항상 배울 게 있지

으나야, 우리들이 죽음을 모르던 그때를 생각하면,
얼마나 야성적이었니
하지만 지금은 이가 녹아 식물이 되었구나,
노래한다

노래한다는 것은, 무엇일까

한 움큼의 알약을 집어삼키고, *시야 가득 물결치는
도형들의 호흡을 따라 우리는 여행을 떠났네 유일한
즐거운 놀이 어제는 떡갈나무 숲에서 도형 총집합을*

덮고 잤고, 그제는 그제는 이름도 모르는 녹색 타이
즈의 소녀들과 물결 키스를……

  그리고 오늘은 최초의 무서운 꿈이 있었다
  소녀들은 갑자기 똑바로 말하기 시작했고, 우리는
빨강이었고, 우리는 도형인 데다 눈물이 흘렀다
  꿈속에서,

쓴다는 것은 무엇일까
세계는 금세 피멍이 들고
(빌어먹을 성가신 저 밍따오들……)

이 골목 저 골목을 배회하며
우리는 공중 높이 술잔을 집어던지고
우리는 동시에 등을 돌리는 것이다
각자의 머리 위로 조각조각 빛나는
작은 이빨들의 요란한 인사와 함께…… 치얼스!!

그러나 제발이지, (웃기고 자빠졌네)

언제나 경쾌하고 쿨하게 돌아서려 했지만, 왜 왜 입을 가린 채 아픈 목소리들의 기침은 멈추지 않는지, 쿨해지려고 할수록 언제나 콜드 쪽이다

죽었는지 살았는지 모를, 정체불명의 글쓰기, 창피하게도
내일은 아무도 태어나지 않을 것인데…… 그래도 걷기로 했던 날, 너희는 빨리 우리는 느리게, 죽어가는 아름다운 로제 언니와 하루 종일 걷기로 했던 날, 너희는 흰 모자를 썼고 우리는 뭔지 모를 흰색을 좋아했지
생각했던 것보다 더 많은 눈이 내리고, 생각했던 것보다 너희가 사랑하고 해치우고, 사랑할지 해치울지 망설이던 것들은 훨씬 더 많더구나, *2005년 10월 19일……*

죽음이 있기 전에 조금만 쓰자**

그러면 쓴다는 것은, 무엇일까

잔디는 더 파래지려고 한다.

 * 짐 자무시의 영화 「커피와 담배」 중에서.
** 피터 잭슨의 영화 「천상의 피조물」 중에서.

|해설|

숭고한 뒤죽박죽 캠프

이 광 호

1. 퀴어에서 캠프로

 황병승은 동시대 한국 시의 뇌관이다. 이 뇌관에 연결된 젊은 시들의 폭발력을 경이롭게 여기든, 혹은 그 뇌관을 제거하려 애쓰든, '뇌관은 뇌관이다.' 그의 두번째 시집은 이 뇌관이 다시 뻗어가는 곳, 또 다른 점화의 지점을 드러낸다. 이를테면 황병승의 시적 공간을 설명하는 개념이었던 하위문화, 분열된 주체, 퀴어, 잔혹극, 무국적성, 텍스트들의 콜라주 등의 요소들이 여전히 남아 웅성거리면서, 시적 담화의 공간을 다시 개방하고 확장하고 있다. 이러한 무한 확장의 표면적인 양상은 형태상의 확대이지만, 내부적으로는 '이야기성'의 폭발이라고 말할 수 있다. 이야기성은 첫 시집에서도 드러난 부분이지만, 여기서 그는 이야기성의 경계를 더욱 과감하게 추월한다.

이야기성이란 물론, 처음과 끝, 원인과 결과의 구조가 명시적으로 드러나는 선형적인 '서사성'이 아니다. 여기서 그것은, 시적 담화와 서사적 담화의 장르적 경계, 그 제도화된 문법의 틀을 무너뜨린 자리이다. 온갖 가상-하위 주체들이 출몰하는 다중의 언술 공간, 무한대로 회전하는 다성성과 혼종성의 담화가 여기에 있다. 오해할 필요 없다. 그것은 시적인 것으로부터 서사적인 것으로의 이동이 아니다. '서정적인 것/서사적인 것,' 혹은 '말하기/보여주기'의 문법적 구획으로부터의 도주일 뿐.

이 시집은 퀴어적인 것으로부터 '캠프camp'적인 것으로의 공간 이동을 보여준다. 젠더적인 상징 질서에서 이탈하는 퀴어적인 감수성으로부터, '외전(外傳)'의 서사가 극대화된 과잉의 캠프적 상상력이 넘쳐흐르기 시작한다. 외전 서사들은 '탈성찰적' '무절제'의 캠프적인 스타일을 발산한다. 그 낯선 담화의 차원을 경험하기 위해서 먼저 '첫 시'를 대면해보자.

첨 때문에 나는 생각이라는 것을 처음 하기 시작했다

이를테면, 포엣poet, 온리only 누벨바그nouvelle vague, 그것은 어딘가로부터 몰려와 낡은 것을 휩쓸고 어딘가로 다시 몰려가는 이미지를 연상시키지만, 그것은 정지이고 정

지의 침묵 속에서 비극을 바라보는 것에 가깝다 그리고 서서히 바뀌는 것이다

고다르, 그즈음의 독서,

욕조에 누워 책을 읽고 있으면 온 가족이 들락거렸다 엄마 아빠 형 누나 동생 이모부 고모부 땟국 물이 흐르는 내 목욕탕 내 공중목욕탕 거리의 경찰관 외판 사원 관료들 시인 화가 미치기 일보 직전의 연인들 어린이 가정주부 영화광 살인자 공원의 노인, 할 것 없이 모두 다 들락거렸고 뒤죽박죽 얽히고설키는 비극 속에서 물이 끊기고 하수구가 막혔다 내 목욕탕 내 공중목욕탕의 사라진 목욕 문화 더러워 더러워서 더러운 채로 지냈다

그리고 근질거리는 여름이 왔다

창작, 긁어대기 시작한다
창작, 긁어대기 시작한다
―「첨에 관한 아홉소ihopeso 씨(氏)의 에세이」부분

우선 수상한 제목부터. '첨'은 1인칭 화자의 동생으로 설정되어 있고, '아홉소'는 첫 시집에서도 등장한 바 있는 'I hope so'라는 의미를 가진 캐릭터이다. 흥미로운 것은 '에세이'라는 양식. 에세이는 형식에 구애되지 않고 1인칭

의 실존적 내면을 드러내는 글쓰기이다. 에세이의 무형식은 이 시에서 새로운 '탈형식'의 차원으로 전환된다. 시는 '아홉소'라는 이름의 시인이 만들어낸 캐릭터가 '첨'이라는 이름의 사촌 동생에게, 그 2인칭에게 건네는 담화의 형태를 하고 있다. 왜 1인칭의 이름이 '아홉소'이고, 2인칭 동생의 이름이 '첨'인지를 유추하는 일은 그렇게 어렵지 않을 수도 있다. 이를테면 이 시의 전언들은 '나는 '첨' 혹은 '그러기'를 욕망한다'로 요약될 수 있는 것이다. 그러나 욕망은 그렇게 쉽게 요약되지 않을 것이다. 문제는 그 욕망이라는 감각의 사건, 그 언어적 육체성이니까.

이 시는 이 시집을 관통하는 어떤 '시론' 혹은 '예술론'처럼 읽혀질 수 있는 '서시'의 자리에 위치한다. 예를 들면 시를 '온리 누벨바그'와 동격에 놓은 것은 그런 추측을 가능하게 한다. 그래서 '누벨바그'라는 예술 운동과 황병승의 시를 동일 선상에 놓을 수도 있겠다. 가령 누벨바그의 전위적인 기법들이라고 말해지는 '즉흥 연출, 장면의 비약적 전개, 완결되지 않은 스토리' 등을 황병승 시의 어떤 특징과 연결시키는 것도 가능하다. 그러나 시의 화자는 '누벨바그' 혹은 '전위 예술'에 대해, 어딘가로 몰려가는 이미지 대신 "정지의 침묵 속에서 비극을 바라보는 것"으로 말한다. '전위' 혹은 '첨'은 그런 맥락에서 시류적인 것의 바깥이다.

이제 시는 누벨바그의 신화적 감독, '고다르'를 읽는 장면으로 진입한다. 시의 화자는 '내 공중목욕탕'에서 책을 읽는다. 이 목욕탕의 독서는 온갖 가족과 타인들이 들락거리고 뒤엉키는 공간에서의 독서이다. 이 "모두 다 들락거렸고 뒤죽박죽 얽히고설키는 비극 속에서" 독서는 진행된다. 더러운 목욕탕의 독서, 이걸 무엇이라고 해야 할까? 화자는 굵은 활자로 **"창작, 긁어대기 시작한다"**라는 문장을 삽입한다. 이런 활자 형태의 변형은 '말하기'와 '보여주기' 사이의 균질한 관계를 교란시키면서, '말하기'를 이질적인 시각적 형태 속에서 낯설게 만든다. 창작이 '긁어대는 것'이라면, 긁어대는 것으로서의 창작은 온갖 타인들이 얽히고설킨 더러운 육체들 속, 목욕탕의 독서와 같을 것이다. 그리고 에세이는 계속된다.

희미한 불빛 아래, 욕조에 널브러진 남자 책장을 넘기려다 그만 멈춰버린 손가락 풀어헤쳐진 머리칼, 그날 밤 창백한 얼굴의 남자가 커다란 욕조를 차지하고 드러눕자 웅성거리는 나체의 사람들, 악취 속에서 누군가는 떠밀고 누군가는 고함치고 누군가는 부둥켜안은 채로 카메라가 돌았다, 첫 씬scene인지 마지막 씬인지 운문인지 산문인지, 네 멋대로 해라, 고다르가 오케이 컷,이라고 읊조렸고 순간의 침묵 속에서…… 그리고 조명이 꺼졌다

필름, 온리 누벨바그

조명은 꺼졌고,

침묵하겠다면 침묵하는 것이다
　──「첨에 관한 아홉소ihopeso 씨(氏)의 에세이」 부분

　이 장면을 고다르의 장면으로, 혹은 '내 독서'의 장면으로 읽어도 상관없을 것이다. 다만 그런 씬scean이 있었다는 것. 그리고 그 씬은 선형적인 서사 위에 배치된 장면이 아니라는 것. "첫 씬scene인지 마지막 씬인지 운문인지 산문인지" 알 수도 없는, 고다르의 영화 제목처럼 "네 멋대로 해라"의 방식으로 솟아오른 장면. 서사의 한 장면인지, 시의 한 장면인지 구별할 필요가 없는 장면.

　시의 후반부로 가면, '첨' 혹은 '누벨바그'와 '나'의 관계는 성적인 코드로 읽힌다. 이를테면 "첨, 그러자 그것에 대해 나는 더 이상의 의혹을 품지 않게 되었고 그것을 생각해도 더 이상 그게 서지 않았다. 그것은 겨우 그런 것이다// **서지 않는다면 서지 않는 것**/ 첨, 비극을 그렇게 이해하자"라고 고백할 때, 그 비극은 성적인 정체성과 관련된 고통을 생각하게 한다. '나' '아홉소'는 사촌 동생인 '너' '첨'에 대해 "나는 너의 사람이 되고 싶어 진심으로"라고 바랐다. "나는 네가 '형' 혹은 '아저씨'라고 불러주기보단 머뭇거리는 두 팔을 뻗어 포옹을 청해주었으면, 하고 간절히 바랐"으나, "너는 그냥 '병신, 난쟁이 주제에'

하고는 부리나케 달아났"다. 그런데 사촌 동생 '첨'으로부터 당한 이 성적인 모욕은, 어쩌면 누벨바그로부터의 모욕일 수도 있다. '첨'에 대한 '나'의 욕망은, '누벨바그'에 대한 '나'의 욕망이 그런 것처럼, '쥬뗌므'라는 발음의 "쥬와 뗌과 므가 인사시켜준 빛 혹은 선(線)들//그 슬픔으로 가득한……" 어떤 날카로운 비극을 환기시킨다. 그리하여 주인공 '아홉소'는 다시 "정지의 침묵 속에서 비극을 바라"본다. 그리고 "그 빛 혹은 선들 속에서" "온리 누벨바그"의 욕망, 혹은 희극적인 비극은 지속된다.

2. 계속되는 밤의 외전 서사

날 수도 없을 만큼 뚱보가 되어버린 새, 로제
그리고 냐라키

난쟁이는 우선 작은 녀석을 뜻하지만 감춰진 몇 개의 의미를 가지고 있고
다락방, 가루, 가루 속의 난쟁이 난쟁이의 외투 외투 속의 구름 구름 속의 배지 배지와 낚시 낚시와 목이 긴 장화
사람들은 모두 저마다의 비밀을 한두 개쯤 간직하고 있지만
그것이 음악이 되기 전엔 차가운 동전이거나 혹은 주머니 속의 밀떡

오스본, 메기와 부기주니어 그리고 떠나간 냐라키 우리
는, 우리들이 찾는 것은, 우리들이 도망치듯 찾아 헤매는
것은
굴 속의 사람들
굴 속의 노래
음악이 되기 위해 발버둥 치는
아름다운 센텐스.
　　　　　　　——「눈보라 속을 날아서(하)」 부분

　여기 "운문인지 산문인지" 알 수 없는, "뒤죽박죽 얽히고설키는 비극"이 또 하나 있다. 이 이야기는 '눈보라'라는 공간에서 솟아난다. '눈보라'가 '코카인 파티'의 속어를 말하는 것이라면, 이 시의 담화는 마약에 취한 상태에서의 중얼거림이라고 하겠다. 이 환각의 이야기에는 '로제 언니' '냐라키' '나오코' '오스본' '메기와 부기주니어' 등의 이국적인 이름이 등장한다. 이들은 '난쟁이' 혹은 '굴 속의 사람들'의 이미지를 얻는다. 이 환각으로 뒤죽박죽된 대사들과 도착적인 장면들 속에서, 시간과 공간은 뒤섞이고 '나'와 '우리'는 뒤엉킨다. 그리고 그 반죽된 이야기들 속에서 "그의 얼굴이 참 얇다는 생각이 들자 나뭇잎처럼 벌 벌 벌 떨리는 부기주니어의 얼굴 나는 눈물이 왈칵 쏟아져 나오려는 것을 꾹 참는다 부기주니어, 나의 마음도

너의 마음을 부르고 싶어 아직은 너의 얼굴에 조금씩 눈발이 흩날리지만, 가루가 몸속에 퍼지면, 그때는 순식간에 눈 속에 파묻힐 너의 얼굴"과 같은 서정적인 이미지와 담화들이 아무렇지도 않게 불쑥 등장한다.

  이 시는 환각과 도착의 시간, 몽환적인 비극의 기억 속에서 그 이름들의 이미지를 새겨 넣는다. 그러고는 그 시간과 기억의 비밀들이 결국 '음악'을 욕망하고 있음을 끊임없이 환기시킨다. '음악'이란, 어떤 '아름다운 센텐스'도 가닿기 힘든 '노래'의 경지이다. 환각의 '눈보라' 속에서 "도망치듯 찾아 헤매는 것은" 절대적인 '음악'이다. 여기서 다시, 「눈보라 속을 날아서(하)」를 또 다른 '시론' 혹은 '예술론'으로 읽을 수 있는 가능성이 열린다. '난쟁이'들의 작은 비밀들은 "음악이 되기 전엔 차가운 동전이거나 혹은 주머니 속의 밀떡"과 같은 사소한 것들에 지나지 않는다. 도착과 환각의 시간 속에서 그들이 자기 실존을 다해 찾는 것은 그 숭고한 노래의 시간일 뿐.

    알코홀릭alcoholic, 그것은 연약한 한 존재가 자신을 열정적으로 위로하고 있다는 뜻이다

    나빠질 때까지, 더 나빠질 때까지

    스스로 대답해야 하는 존재들, 끝없이 질문하는 존재들과

도 같이, 지구 바깥에, 허공에 집을 짓는 사람들

> 그런 시절이 있었지
> 그때는 나도 너처럼 말수가 적었고
> 감당할 수 없는 질문엔 얼굴을 붉혔다
> 험한 말을 늘어놓지도 않았고 가끔 술을 마시기는 했지만
> 즐기는 편은 아니었어…… 대신 호주머니에 돈이 좀 있을 땐
> 꿈꾸는 약을 샀지 매일 밤 계속될 것만 같은 아름다운 꿈들
> 돌이켜보면 조금은 지루하기도 했던 것 같군
> 아름답다는 건 때로 사람을 맥 빠지게 만드는 어떤 결심
> 같은 것이기도 하니까
>
> 종교를 갖는다는 것, 찬물로 세수를 해라 이 엄마가 죽도록 때려줄 테다
>
> 공허해질 때까지, 더없이 공허해질 때까지
> ──「그리고 계속되는 밤」 부분

'알코홀릭'은 환각의 '눈보라'처럼, 또 다른 인공 낙원의 공간이다. 이 인공 낙원 속에서 환각의 주체는 누구인가? 그는 "자신을 열정적으로 위로하"는 "연약한 한 존재"일 수도 있다. 혹은 "스스로 대답해야 하는 존재들, 끝없이 질문하는 존재들"이나 "지구 바깥에, 허공에 집을

짓는 사람들"일 수도 있다. 그들은 '낮'의 생산성과 정상성에서 도주한 존재들, '낮'의 선명한 위계와 질서로부터 뛰쳐나온 자들이다. 그들은 "더 나빠질 때까지" "더없이 공허해질 때까지" '밤'의 시간을 살아간다. "꿈꾸는 약"의 시간, "매일 밤 계속될 것만 같은 아름다운 꿈들"의 시간이 그렇게 이어진다. 아름답든 혹은 악몽이든 그 시간은 계속될 것이며, 그 시간이 어디로 가는지는 알 수 없다. **"그때도 여전히 내가 누구인지 몰랐고/어디를 향해 가고 있는지, 그저 언제나 다그치고 몰아세우는/내가 나의 부모였으니까"**라는 문장을 보자. 부모가 있다면, 아마 '내'가 누구인지, '내'가 어디를 향해 가는지를 말해줄 수 있을지도 모른다. 그러나 "스스로 대답해야 하는 존재"인 '나'는 '나쁨'과 공허의 무한대를 향해 '계속되는 밤'을 이어간다. 밤의 서사는 이렇게 처음과 끝과 목적지를 알 수 없는 무한대의 외전 서사이다.

트랙과 들판의 별

나는 미래 같은 건 없다고 생각한다 그러니까 오빠의 새로운 전자 개는 없는 거나 마찬가지다 알파파라니 나 역시 세련을 생각한다 삼촌처럼 할아버지를 닮지 않기 위해 빌어먹을 년이 되지 않기 위해 어쩌면 삼촌과는 관계없이 조금 더 세련을 알기 위해 미래는 없는 거나 마찬가지다 아름다운 채로 죽은 언니와 이곳에 없는 나의 연인을 위해 열심히 트랙을 돌다 들판에 처박혀 가쁜 숨을 몰아쉬는 쓸모없는 별처럼 미래 같은 건 아무래도 좋다고 생각한다 사로잡힌 아빠와 날지 못하는 엄마의 긴 이름을 떠올리며 나는 늙은 노처녀처럼 국가적인 시체처럼 헉헉거리며 간신히 숨을 쉬고 있는 나의 모습이 이 세상에서 가장 세련되다고 생각하니까 말이다 우리에겐 언제나 우리들만의 승리, 어쨌든 그런 것만이 존재할 뿐이라고 굳게 믿으니까 말이다

배척된 채로
우리에겐 우리들만의 승리가 있다
그러니 모든 길과 광장은 더러워져도 좋으리
술병과 전단지와 색종이 토사물로 뒤덮여도 좋으리
창가의 먼지 쌓인 석고상은 녹아버려라
거추장스러운 외투와 속옷은 강물에 던져버려라
우리에겐 우리들만의 승리가 있다
배척된 채로
배척된 채로 ——「트랙과 들판의 별」부분

표제작이 된 「트랙과 들판의 별」에도 여러 명의 캐릭터가 등장한다. '삼촌' '언니' '오빠' '아빠' '노처녀' '연인' '엄마' '할머니' '퍼피들'이다. 이들이 등장하는 사건 혹은 행위는 각각 독립된 서사적 '트랙' 위에 존재한다. 그러다가 '트랙과 들판의 별'이라는 소제목이 붙은 연에서 이 인

물들이 한꺼번에 등장하고, 이들 사이의 이상한 연관성이 부각된다. 이들은 각기 다른 장면과 사건 속에 등장하고 있지만, "열심히 트랙을 돌다 들판에 처박혀 가쁜 숨을 몰아쉬는 쓸모없는 별처럼 미래 같은 건 아무래도 좋다고 생각"하는 같은 궤도의 존재들이다. "국가적인 시체"이거나, "배척된 채로" "우리들만의 승리"만이 있는 존재들이다. 그들은 '길과 광장' '석고상' '외투와 속옷'의 세계로부터 추방된, 혹은 스스로 도주하는 자들이다. 그들의 시간에는 '트랙'에서의 반복되는 닫힌 삶과 '들판'에서의 헐벗음과 죽음이 들어 있다. 그런데 그들은 '별'로 호명된다. '별'은 버려진 혹은 낙하한 존재들의 보잘것없음을 환기시키지만, 그 '별'들은 '별들'로서 '우리'를 이룬다. 이를테면 이 별들의 무리가 어떤 별자리, 혹은 은하계를 이루는 것이다. '별'은 고립된 하위 주체들이지만, '별들'의 관계 속에서 '우리들만의 승리'를 말할 수 있다.

  다른 맥락에서 말한다면, '트랙과 들판의 별'이라는 제목 자체가 이 시의 형식적 특성을 암시한다고 할 수 있다. 각각의 별들이 처한 생의 '트랙과 들판'을 비선형적인 서사들로 나열하며, 그 별들의 관계를 통해 '미래가 없는 우리'의 이상한 '연대'를 보여주는 방식. 어쩌면 그것은 이 시집의 전체적인 배치와 각 시들의 구성을 암시해주기도 한다. 황병승의 이야기 구조는 수목형이 아니라, 리좀의 형태를 갖는다. 하나의 뿌리로부터 뻗어 나온 가지들이 아니라, 각각의 뿌리들이 자유롭게 접속하는 복수성의 운동. '트랙과 들판의 별'의 이야기성은 그런 리좀적인 서사성을 드러낸다. 개별자들의 외전 서사의 은하계를 그리는 것. 배척된 개체의 사건들을 산포적으로 그리면서, 그 이야기들의 접속이 지배적인 상징 질서를 폭파시키는 하나의 불길한 에너지로 작동하는 양상.

3. 싸움터로서의 '혼성 주체'

이런 다중의 서사는 다중의 등장인물, 다중의 캐릭터, 다중의 주체를 끊임없이 만들어낸다. 단 하나의 시적 자아가 통어하는 진정성의 시적 담화는 기대하지 말자. 서사적 중력의 중심으로서의 자아 역시 이 공간에서는 이탈한다. 무수한 등장인물 속에서 이 시집을 떠받치고 있는 동일한 시적 실존을 생각한다는 것, 혹은 그 등장인물들과 시인의 내면을 동일성의 끈으로 연결시켜본다는 것은 헛된 일이 된다. 더 나아가 각각의 시들에 등장하는 인물은 물론 화자의 인격적 동일성 역시 확보되지 않는다. 시적 자아의 정체성으로부터 근원적으로 결별하는 이런 등장인물들을 '혼성 주체'라고 부른다면? '혼성 주체'는 주체화에 저항하는 개별자들, 끊임없이 하위적인 타자들과 몸을 나누는 '복수'로서의 존재들이다. 동일한 인식론적 주체가 아니라, 복수로서 감각의 사건에 관계되는 '주체들' 말이다. 그들은 실존하는 사람이 아니라, '양성적인' 스타일을 갖는 '역할 수행자'들이다.

>아빠 하고 부르면
>우선 배가 고프고
>아빠 하고 부르면
>아빠는 없고
>아빠라는 믿음으로
>개 돼지를 잡아먹는
>먼 나라의 아빠 숭배자들처럼
>먹어도 먹어도 먹은 것 같지 않은 아빠를……
>
>선생님,
>당신에겐 아빠가 있죠
>당신의 아이들에게도 아빠가 있어요
>
>*아빠, 좋은 탁자다*
>
>그 위에 올라가
>타닥 타닥 탭 댄스를 추고
>노래를 부르고
>당신의 아이들은 먼 나라의 배우들이 그랬던 것처럼

그 위에서 사랑을 나누죠, 아무렇지도 않게
아빠…… 그러한 믿음으로 　　　　——「아빠」 부분

 '아빠'라는 발음은 '아버지'라는 발음과 다르다. 아버지의 이름이 가부장적 상징 질서의 꼭짓점에 위치한다면, '아빠'는 가족 내적 공간에서의 친밀감을 환기시킨다. 그런 친밀한 '아빠'라는 호명은 무엇으로 채워져 있을까? "아빠 하고 부르면/아빠는 없고/아빠라는 믿음으로/개 돼지를 잡아먹는/먼 나라의 아빠 숭배자들"이 있을 뿐이다. '아빠'라는 실체는 없고, '아빠'라는 공허한 믿음만 있다. 그래서 아빠는 "먹어도 먹어도 먹은 것 같지 않은" 존재이다. 차라리 "*아빠, 좋은 탁자다.*" 아빠를 '좋은 탁자'에 연관 짓는 불경함은 아빠에 대한 불경이 아니라, '이곳'에 대한 불경이다. '아빠'라는 탁자 위에서 '댄스'와 '사랑'은 '아무렇지도' 않게 반복되지만, '이곳'은 '아빠'의 이름 아래, "믿어서 죽이고/또 못 믿어서 죽이"는 공간이다. 그러면 이 시의 '청자'로 설정된 '선생님'은? '선생님' 역시 '아빠'가 있고, 아들에게 '아빠'가 되는 존재. 그러니까 역시 '아빠'의 이름과 믿음 속에 존재하고, '죽는'다. '이곳'에서는 모두 죽으니까.

　축제의 행렬이 지나가는 공동묘지,
　울퉁불퉁을 열 잔 마시고 티격태격을 스무 잔 삼킨 아이들

쓰러뜨림이 목적인 것처럼

그녀의 얼굴은 싸움터이다

그녀는 금방 사랑받고 금방 잊혀진다

어둠 속, 한 여자가 울고 두번째 여자가 울고 세번째 여자가 뛰쳐나간다

기침 끝없는 기침처럼 거울을 사이에 두고 두 여자가 서로의 얼굴을 향해 침을 뱉었다
―「그녀의 얼굴을 싸움터이다」 부분

'얼굴'이란 무엇인가? '얼굴'은 자아의 대표성과 동일성을 표상하는 이미지다. 얼굴을 통해 그 사람의 내면을 들여다볼 수 있다는, 얼굴이 그 사람의 영혼을 비춘다는 인식은, 얼굴을 자아의 인격을 반영하는 동일성의 상징으로 만든다. 얼굴이란 이렇듯 신체 중에서도 특권적인 지위를 차지하고 있으며, 이목구비의 짜임새는 영토화된 자아의 상징이다. 그런데 한 사람의 얼굴을 '싸움터'라고 한다면? '싸움터'는 하나의 인격이 아니라, 여러 개의 인격이 투쟁하는 자리. 유기적인 어울림을 통해 하나의 실존적인 이미지를 구성하는 얼굴이 아니라 싸움터로서의 얼굴은 '주

체화'로부터 풀려난다. 이런 이유로 "그녀는 금방 사랑받고 금방 잊혀진다." 당연하지 않은가? '얼굴'은 그렇게 시간적 동일성을 확보할 수 없다. 그리고 그 얼굴은 "한 여자가 울고 두번째 여자가 울고 세번째 여자가 뛰쳐나"가는 장소이다. 얼굴이란 "분침이 시침을 덮치는 순간처럼" 불안정한 시간성 위에서, "끝없는 기침처럼" 그렇게 다중적으로 존재한다. "거울을 사이에 두고 두 여자가 서로의 얼굴을 향해 침을 뱉"을 때, '얼굴'의 재현성은 두 번 내던져진다. 자아의 거울로서의 얼굴과, 얼굴의 재현으로서의 거울이 동시에 산산히 부서지는 것이다.

> 서른여섯 살의 악마가 다가와 열두 살의 나를 지목할 때까지
> (딸꾹거리며)
>
> 검은 칼을 든 악마가 열두 살의 목을 내리칠 때까지
>
> 불안에 떠는 광대처럼
> (딸꾹, 딸꾹거리며)
>
> 살았는지 죽었는지 모를 이 땅속의 자식아!
>
> 흙 속에 처박힌 열두 살,

귓속의 매미는 잠들지 못한다.

　　　　　　　　　—「사산(死産)된 두 마음」 부분

  열두 살에 "사탕을 너무 먹어" "땅속에 거꾸로 처박힌" '나'와 '서른여섯 살의 악마'는 아마도 하나의 인간으로부터 나왔을지도 모른다. '사산된 두 마음'이라는 제목처럼. 그러나 이 잔혹한 시간성 위에서 '열두 살의 나'와 '서른여섯의 악마'는 하나일 수 없다. '나'의 어두운 시간의 분신은 그렇게 상대를 지목하고, '목을 내리친다.' "흙 속에 처박힌 열두 살"은 그래도 시간 속에 살아 있을까? "시간은 좀도둑처럼 어둠 속에서/딸꾹 딸꾹 조금씩 죽어가"는 것이니까. '딸꾹거리며' 죽어가는 시간은 희극적이다. 이 딸꾹거림이란? "귓속의 매미" 소리처럼 끊임없이 들리는 그것, 시간성 위에서 해체된 실존의 불안, 그 잔혹한 시간 앞에서 찢겨진 '마음'의 공포. 자아는 언제나 '사산(死産)'된 그 무엇이다.

4. '문친킨'의 주술

  스위트 워러,라는 여성이 있다
  그녀는 툭 하면 시를 쓴다 멋진 시들을

줄 줄 줄 써버린다

문친킨 문친킨,
스위트 워러의 말이다
언제부턴가 나는 이 말을 자주 중얼거린다
배고플 때
외롭거나
답답할 때
잠이 오지 않는 밤
머릿속이 온통 뒤죽박죽일 때
뒤죽박죽으로 출렁거릴 때
담배를 뻑뻑 피우며
문친킨 문친킨…… 하고 말이다

무슨 뜻일까,
무슨 뜻이든
그저 문친킨 문친킨일 뿐이겠지만
오늘 같은 날은 한 백 번쯤 중얼거렸고
역시 문친킨의 힘이란
멍청해진 존재를
삽시간에 빨아들이는
마력을 가지고 있는 것이다
누가 뭐래도 ─「문친킨」 부분

이 시 역시, 또 하나의 시론으로 읽을 수 있다. (물론 세상 모든 시들은 시론으로 읽을 수 있다. 예술적인 자의식을 가진 시인의 시는 특히!) '문친킨'은 '스위트 워러'라는 여성이 "줄 줄 줄 써버리는" 시이다. 무슨 뜻인가 궁금할 필요가 없다. 사전에는 나오지 않을 것이다. 사전에 나오는 말로만 시를 쓰는 것은 아니다. '문친킨'은 이 여성 시인이 만든 말이고, 일종의 주문이다. 이러한 주문의 언어는 특정한 지시 대상을 포함하고 있는 것이 아니라, 세계와 직접적으로 관련 맺는 마법적인 힘의 언어이다. '문친킨'은 "뒤죽박죽으로 출렁거릴 때" 중얼거리는 말이지만, 그 말 자체가 이미 규범 문법의 언어가 아니다. 그게 "무슨 뜻이든" 중요한 것은, 그것이 "멍청해진 존재를/삽시간에 빨아들이는/마력을 가지고 있다는 것" "문친킨 문친킨,/그런 세계가 있"다는 것이다. '문친킨'의 세계는, 기표와 기의, 원관념과 보조 관념이라는 규범 문법의 구조를 벗어난 기표의 유희 속에 있을 것이다. 여기서 더 중요한 것은 그 기표의 놀이가 가지는 힘, 혹은 그 기표의 존재성, 혹은 그 담화의 사건성 자체이다. 그러니까 '스위트 워러'의 말이 존재하고, 그 말이 발화된 사건에 독자가 참여하고 있다는 것. 그래서 그것은 유희를 넘어 어떤 '주술'의 차원이 된다. '기표의 놀이'라는 이 포스트모던한 언어의 차원은, 동시에 시적 언어의 원시적 에너지, 혹은 마법적인 신비를 보유한다.

그러니 차라리, 이 과잉의 언어들을 '숭고'하다고 말하겠다. 무엇이 숭고하다는 것인가? 그것은 미학의 문제라기보다는, 황병승을 읽는 '체험'과 '효과'의 문제이다. 황병승의 시는 평균적인 아름다움의 범주, 균형과 조화의 미적 인식을 넘어서는 담화의 무한 폭발을 보여준다. 규범적인 의미의 미적 합리성의 경계를 넘어선 검은 에너지를 경험하게 하고, 그 에너지는 시적 언어를 제도화된 차원 이전의 주술적인 공간으로 되돌린다.

황병승의 '숭고'는 캠프적인 잡스러움의 숭고이다. 시각적인 추상이나 숭고한 제재들이 등장하는 것이 아니라, 담화의 혼종성을 극한으로 밀고 나감으로써 미적 인식의 한계를 넘어선다. 이를테면 황병승은 이 땅의 전위적인 시인들이 그랬던 것처럼, 시적 대상과 관념을 탈각시킴으로써 시 언어의 미적 자율성을 보존하는 방법을 선택하지 않는다. 그는 시적 자아의 정체성과 결별한 자리에 무수한 혼성 주체들을 풀어놓고, 그 캠프적인 감수성이 넘쳐나는 밤의 카니발을 연다. 서사적 중력의 중심으로서의 하나의 자아를 대신한 자리에 여러 개의 얼굴과 목소리를 가진 혼성 주체들이 출몰한다. 서정과 서사의 혼종 교배를 통해, 그 혼성 주체들의 이야기를 '사건화'한다. 문제는 사물과 인간을 성찰하는 미적 인식이 아니라, 그런 리좀화된 서사들이 '존재'한다는 것, 그 자체이다.

그것을 여전히 시라고 부를 수 있는가, 혹은 어떤 가치가 있는가를 걱정할 필요는 없다. 그것은 '서정적인 것/서사적인 것' '말하기/보여주기' '나의 언어/타인의 언어'의 제도적 구획으로부터 역주행하는 사건이다. 이 역주행은 퇴행이 아니라 낯선 생성의 움직임이다. 오해할 필요는 없다. 황병승의 시는 '작품'이 아니다. 열린 경험이며, 감각의 사건이다. 그래서 황병승을 읽는 일은 희극적인 비애, 냉소적인 공감을 자아내는 '뒤죽박죽'의 체험이다. 한국 현대시의 진정성에 대한 이념과 그 지루한 표준성을 날려버릴 강력한 뇌관. 지금 그 뇌관이 다시 타들어가기 시작한다. '문친킨 문친킨……' 걱정할 필요는 없다.